三《さん》姉《し》妹《まい》のパパ、
そし

実《じつ》業《ぎょう》家《か》になったグルー

…だったけど…!?

グルーの家族《かぞく》 Gru's Family

グルー

元《もと》怪盗《かいとう》。今《いま》は一緒《いっしょ》に暮らす娘《むすめ》たちのために怪盗《かいとう》をやめ、ジャムやゼリーを作《つく》る実業家《じつぎょうか》に転身《てんしん》。マイホームパパとしても奮闘中《ふんとうちゅう》。

ネファリオ博士《はかせ》

グルーの相棒《あいぼう》で、かつて悪事《あくじ》のために研究《けんきゅう》を重《かさ》ねていた。今《いま》はジャムやおなら銃《じゅう》などを開発中《かいはつちゅう》だが、昔《むかし》を懐《なつ》かしんでいる。

かつて“月泥棒計画《つきどろぼうけいかく》”に利用《りよう》するため、
養護施設《ようごしせつ》で暮《く》らす三姉妹《さんしまい》に近《ちか》づいたグルー。
しかし一緒《いっしょ》に過《す》ごすうちに絆《きずな》がうまれ、正式《せいしき》に
三姉妹《さんしまい》を“娘《むすめ》”として引《ひ》き取《と》ったのだ。

アグネス

三姉妹《さんしまい》の末《すえ》っ子《こ》。
大《だい》のユニコーン好《す》きで、
とってもキュート。

イディス

三姉妹《さんしまい》の次女《じじょ》。
おてんばでいたずらが大好《だいす》き。
ネファリオ博士《はかせ》の発明品《はつめいひん》に
いたずらをして、
大騒動《おおそうどう》になることも。

マーゴ

三姉妹《さんしまい》の長女《ちょうじょ》。
妹《いもうと》たちにとってはしっかり者《もの》のお姉《ねえ》さん。

Minions

ミニオンたち

グルーの家《いえ》で暮《く》らす黄色《きいろ》い謎《なぞ》の生物《せいぶつ》。バナナといたずらが大好《だいす》き。グルーのジャム作《づく》りの手伝《てつだ》いから子守《こも》りまでなんでもこなすが、いたずら好《す》きなのでときどき大騒動《おおそうどう》になる。

スチュアート

トム

ジェリー

デイブ

ケビン

イーブルミニオン

紫色《むらさきいろ》の凶暴《きょうぼう》そうな…

ミニオン??

エドアルド

パラダイス・モールにあるメキシコ料理店《りょうりてん》「サルサ・イ・サルサ」のオーナー。

ルーシー

反悪党同盟《はんあくとうどうめい》の美人捜査官《びじんそうさかん》。考《かんが》えるより先《さき》に手《て》が出《で》てしまうが、やさしい性格《せいかく》。

アントニオ

パラダイス・モールでマーゴに声《こえ》をかけてきたイケメン少年《しょうねん》。

Story
あらすじ

マイホームパパ・グルーの前《まえ》に美《び》人《じん》捜《そう》査《さ》官《かん》が…!!

〝月泥棒事件《つきどろぼうじけん》〟の後《あと》、三姉妹《さんしまい》を正式《せいしき》に引《ひ》き取《と》ったグルーは、娘《むすめ》たちのために怪盗《かいとう》をやめて現在《げんざい》はジャムやゼリー作《づく》りをしている。ある日《ひ》、グルーの家《いえ》に反悪党同盟《はんあくとうどうめい》の捜査官《そうさかん》が来《き》た。どうやら危険《きけん》な薬《くすり》が盗《ぬす》まれ、それを取《と》り戻《もど》す手助《てだす》けをしてほしいという。

反悪党同盟《はんあくとうどうめい》に連《つ》れてこられたグルー

盗《ぬす》まれた〝PX-41《ピーエックス》〟という薬《くすり》は、パラダイス・モールにあるどこかの店《みせ》のオーナーが持《も》っているという。いちどは断《ことわ》ったグルーだが、ルーシーやミニオンとカップケーキ屋《や》として潜入《せんにゅう》することに。

グルーの店《みせ》にメキシコ料理《りょうり》店《てん》オーナーのエドアルドがやってきた。グルーは彼《かれ》がかつての大悪党《だいあくとう》にそっくりなことに気《き》づく。そこでエドアルドの店《みせ》に潜入《せんにゅう》することになったのだが……。

怪盗グルーのミニオン危機一発

澁谷正子／著

★小学館ジュニア文庫★

プロローグ

ここは北極圏《ほっきょくけん》。海《うみ》には氷山《ひょうざん》が浮《う》かび、陸《りく》はどこまでも雪原《せつげん》が続《つづ》いている。さらに雪《ゆき》が降《ふ》り続《つづ》け、見《み》わたすかぎり白一色《しろいっしょく》だ。そんな中《なか》に、ゲートに囲《かこ》まれた六角形《ろっかくけい》の建物《たてもの》がある。見《み》るからにものものしい雰囲気《ふんいき》のその建物《たてもの》は極秘研究所《ごくひけんきゅうじょ》で、世界《せかい》をあっと言《い》わせるような薬《くすり》を開発中《かいはつちゅう》だった。

建物《たてもの》の外《そと》では、分厚《ぶあつ》い防寒着《ぼうかんぎ》に身《み》を包《つつ》んだロシア人《じん》の警備員《けいびいん》がふたり、ドラム缶《かん》をテーブル代《が》わりにして、トランプで遊《あそ》んでいた。コインを賭《か》けてポーカーをしているのだ。ひとりが自分《じぶん》の手札《てふだ》を見《み》せた。フォーカードだ。

勝《か》ったぞ！　警備員《けいびいん》は賭《か》け金《きん》のコインを自分《じぶん》の前《まえ》に引《ひ》きよせると立《た》ちあがり、大喜《おおよろこ》びでくるくる回《まわ》った。負《ま》けたほうの警備員《けいびいん》は、悔《くや》しそうにカードをドラム缶《かん》に叩《たた》きつけた。

と、その目《め》が丸《まる》くなる。なんと、コインがするすると空《そら》に昇《のぼ》っていくではないか。

勝《か》ったほうの警備員《けいびいん》は意気揚々《いきようよう》と、ドラム缶《かん》に向《む》きなおった。が、テーブルのコインが消《き》えていることに気《き》づくと、表情《ひょうじょう》が一変《いっぺん》した。

「お前《まえ》、俺《おれ》の金《かね》を盗《と》ったな！」

警備員《けいびいん》は声《こえ》を荒《あら》らげた。

「ちがう、俺《おれ》じゃない。空《そら》に吸《す》いこまれていったんだ」

責《せ》められた相手《あいて》は必死《ひっし》に説明《せつめい》して空《そら》を指《ゆび》さしたが、もうひとりの警備員《けいびいん》は聞《き》く耳《みみ》を持《も》たない。近《ちか》くにあったスコップを振《ふ》りあげ、相手《あいて》を脅《おど》かそうとした。

すると、スコップがまっすぐ上空《じょうくう》にすっ飛《と》んでいく。そればかりか、ドラム缶《かん》も警備員《けいびいん》のひとりをふっ飛《と》ばしつつ空《そら》へ……。

どういうことだ？　ふたりの警備員《けいびいん》はあっけに取《と》られて空《そら》を見《み》た。その目《め》が皿《さら》のように丸《まる》くなる。

研究所《けんきゅうじょ》の上空《じょうくう》に、異様《いよう》な飛行物体《ひこうぶったい》が浮《う》かんでいるのだ。

巨大《きょだい》なU字形《ユーじがた》磁石《じしゃく》と言《い》ったらいいだろうか？　本体《ほんたい》は真《ま》っ赤《か》で、両端《りょうたん》の磁石《じしゃく》の部分《ぶぶん》は銀《ぎん》色《いろ》をしていて、まるで巨大《きょだい》な扇風機《せんぷうき》のようだ。そこにコインやスコップが吸《す》いこまれていったのだ。

いや、それだけではない。研究所《けんきゅうじょ》の周囲《しゅうい》の雪上車《せつじょうしゃ》や鉄《てつ》のゲートも、つぎつぎに宙《ちゅう》に舞《ま》っていく。

ふたりの悲鳴《ひめい》が響《ひび》いた。

何事《なにごと》だ？　研究所《けんきゅうじょ》の中《なか》からほかの警備員《けいびいん》たちが銃《じゅう》を手《て》に飛《と》びだしてきた。が、たちまち銃《じゅう》ごと巨大《きょだい》な磁石《じしゃく》に吸《す》いこまれてしまった。

「うわあ！」

「助《たす》けてくれ！」

研究所《けんきゅうじょ》の建物《たてもの》がミシミシ音《おと》をたて、土台《どだい》から浮《う》きはじめた。そしてついに磁力《じりょく》に屈《くっ》し、一直線《いっちょくせん》に空《そら》に向《む》かっていった。空《そら》に浮《う》かぶ巨大《きょだい》なU《ユー》字形《じがた》磁石《じしゃく》に、六角形《ろっかくけい》の建物《たてもの》がぴたりと吸《す》いついた。

残《のこ》されたみんなが呆然《ぼうぜん》と空《そら》を見《み》あげていると、磁石《じしゃく》は研究所《けんきゅうじょ》をくっつけたまま、どこかに飛《と》び去《さ》っていった。

それから三週間後《さんしゅうかんご》。とある場所《ばしょ》のとある部屋《へや》の大《おお》きなスクリーンに、研究所《けんきゅうじょ》の防犯《ぼうはん》カメラの映像《えいぞう》が映《うつ》しだされていた。研究所《けんきゅうじょ》が巨大《きょだい》な磁石《じしゃく》に運《はこ》び去《さ》られる場面《ばめん》を見《み》ながら、腹《はら》の突《つ》きでた男《おとこ》が声《こえ》を荒《あら》らげた。

「あれから三週間《さんしゅうかん》も経《た》つのに、なんの手《て》がかりもないのか？　しかたない。あの男《おとこ》を呼《よ》べ！」

男《おとこ》はたまりかねた様子《ようす》で、かたわらにいる部下《ぶか》に命令《めいれい》した。

1

こぎれいな家《いえ》の立《た》ち並《なら》ぶ郊外《こうがい》の住宅街《じゅうたくがい》に、一軒《いっけん》だけ真《ま》っ黒《くろ》な家《いえ》がある。まわりの家《いえ》よりもひときわ大《おお》きく、どことなく不気味《ぶきみ》な雰囲気《ふんいき》を漂《ただよ》わせている。

玄関《げんかん》のドアがあき、ひとりの男《おとこ》があらわれた。全身黒《ぜんしんくろ》ずくめの服《ふく》に、黒《くろ》とグレーのストライプのマフラーを首《くび》に巻《ま》いている。

つるつるのスキンヘッドといい、ぎょろりとした目《め》といい、見《み》るからに怖《こわ》そうだ。男《おとこ》はにんまり笑《わら》うとマシンガンのような武器《ぶき》を構《かま》え、引《ひ》き金《がね》を引《ひ》いた。すると……ポン！　と派手《はで》な音《おと》がして、銃口《じゅうこう》からユニコーンの形《かたち》をした風船《ふうせん》が飛《と》びだした。

男《おとこ》は再《ふたた》びにんまり笑《わら》い、風船《ふうせん》の糸《いと》を玄関《げんかん》のドアの脇《わき》にくくりつけると、裏庭《うらにわ》に向《む》かった。

男《おとこ》の名《な》はグルー。怖《こわ》そうに見《み》えるのも当然《とうぜん》だ。これまで〝怪盗《かいとう》グルー〟としてさまざまな悪事《あくじ》に手《て》を染《そ》め、『史上最悪《しじょうさいあく》の悪党《あくとう》』を目指《めざ》していたのだから。けれど、それも過去《かこ》のこと。マーゴ、イディス、アグネスの三姉妹《さんしまい》の父親《ちちおや》となる前《まえ》の話《はなし》だ。

グルーはひょんなことから、三姉妹《さんしまい》の面倒《めんどう》を見《み》ることになった。メガネをかけて髪《かみ》をうしろでしばり、見《み》るからにしっかりものの長女《ちょうじょ》のマーゴ。耳《みみ》あてのついたピンクのニット帽《ぼう》がトレードマークの、やんちゃな次女《じじょ》のイディス。髪《かみ》を頭《あたま》のてっぺんで結《むす》んで毛先《けさき》を立《た》てた、甘《あま》えん坊《ぼう》の三女《さんじょ》のアグネス。

それまでのグルーは、人《ひと》に嫌《いや》がらせをすることが大好《だいす》きだった。足《あし》もとに子《こ》どもの遊《あそ》んでいるボールが転《ころ》がってきたら、わざと反対側《はんたいがわ》に蹴《け》ったり。道《みち》で泣《な》いている子《こ》がいれば、意地悪《いじわる》をしてさらに泣《な》かせたり。そんなことが快感《かいかん》だった。

けれど三姉妹《さんしまい》と出会《であ》い、グルーは変《か》わった。最初《さいしょ》は自分《じぶん》の悪事《あくじ》に利用《りよう》するつもりで三人《さんにん》を養護施設《ようごしせつ》から引《ひ》き取《と》ったのだが、一緒《いっしょ》に暮《く》らすうちに、誰《だれ》かから頼《たよ》られることや慕《した》われることのうれしさ、誰《だれ》かを愛《いと》おしく思《おも》う気持《きも》ちを生《う》まれて初《はじ》めて知《し》ったのだ。

それ以来《いらい》、怪盗稼業《かいとうかぎょう》からはきっぱり足《あし》を洗《あら》った。三人《さんにん》の娘《むすめ》が胸《むね》を張《は》れるようないい父親《ちちおや》になりたかったからだ。

　グルーの家《いえ》の裏庭《うらにわ》ではパーティーがおこなわれていた。さんさんと陽《ひ》の降《ふ》りそそぐ庭《にわ》は風船《ふうせん》やリボン、旗《はた》で派手《はで》に飾《かざ》りたてられ、思《おも》い思《おも》いの仮装《かそう》をした子《こ》どもたちのにぎやかな声《こえ》が響《ひび》いている。

　空気《くうき》でふくらませたビニールの滑《すべ》り台《だい》ではしゃいでいる子《こ》、小《ちい》さなプールで玩具《おもちゃ》の魚《さかな》を釣《つ》っている子《こ》、剣《けん》で戦争《せんそう》ごっこをしている子《こ》。どの顔《かお》も明《あか》るく輝《かがや》いている。大人《おとな》たちも、おいしそうな食《た》べ物《もの》や飲《の》み物《もの》の並《なら》んだテーブルの前《まえ》で、おしゃべりに花《はな》を咲《さ》かせている。

　三姉妹《さんしまい》も楽《たの》しそうだ。長女《ちょうじょ》のマーゴは中世《ちゅうせい》の騎士《きし》のような鎧《よろい》を身《み》に着《つ》け、腰《こし》には剣《けん》をさし、いかにもマーゴらしく颯爽《さっそう》としている。

　おてんば娘《むすめ》の次女《じじょ》のイディスは、忍者《にんじゃ》の格好《かっこう》をしてテーブルの下《した》からそっとあらわれると、アーチ状《じょう》の梯子《はしご》の遊具《ゆうぐ》に飛《と》びついて、威勢《いせい》よく端《はし》から端《はし》まで移動《いどう》していった。

　末《すえ》っ子《こ》のアグネスはドレスを着《き》て、ベールのついた三角帽《さんかくぼう》をかぶり、すっかりお姫様気《ひめさまき》分《ぶん》だ。ユニコーンの人形《にんぎょう》に乗《の》ってうれしそうに跳《は》ねている。

唯一《ゆいいつ》、浮《う》かない顔《かお》をしているのはグルーの愛犬《あいけん》、カイルだ。ピラニアと闘犬《とうけん》のピットブルを交配《こうはい》させた珍種《ちんしゅ》で、灰色《はいいろ》の毛《け》はハリネズミのように逆立《さかだ》ち、鋭《するど》い牙《きば》を持《も》っている。獰猛《どうもう》さが自慢《じまん》なのに、今日《きょう》は体《からだ》にドラゴンの尻尾《しっぽ》をつけさせられ、情《なさ》けなさでいっぱいだった。

グルル……カイルがうなると、アグネスが叫《さけ》んだ。

「きゃあ、ドラゴンだ。こわーい！」

そこに騎士《きし》の格好《かっこう》をしたマーゴが助《たす》けにあらわれた。

「恐《おそ》れるな。我《われ》らを救《すく》う騎士団《きしだん》、ここにあり」

するとそのうしろから、兜《かぶと》をかぶって武器《ぶき》を手《て》にした黄色《きいろ》い生物《せいぶつ》の集団《しゅうだん》が登場《とうじょう》した。グルーの手下《てした》、ミニオンたちだ。

小柄《こがら》なうえに脚《あし》が短《みじか》いので、ちょこまか動《うご》く。また、自分《じぶん》たちだけに通《つう》じるミニオン語《ご》で話《はな》すのが特徴《とくちょう》だ。

いつもオーバーオールのジーンズをはいてゴーグルをかけているが、今日《きょう》はパーティーのために騎士《きし》の仮装《かそう》をしている。

よーし、ドラゴンを退治《たいじ》するぞ！

「ファー！」

先頭《せんとう》のミニオンがミニオン語《ご》で叫《さけ》び、ドラゴンに扮《ふん》したカイルに向《む》かって刀《かたな》を振《ふ》りおろした……つもりが、横《よこ》にいた別《べつ》のミニオンに当《あ》たってしまった。下手《へた》くそ！　先頭《せんとう》のミニオンはたちまち、仲間《なかま》から武器《ぶき》でぼこぼこに殴《なぐ》られた。乱闘《らんとう》の始《はじ》まりだ。

それを見《み》て、アグネスがうれしそうに声《こえ》を張《は》りあげた。

「今年《ことし》の誕生日《たんじょうび》、最高《さいこう》！」

今日《きょう》はアグネスの六歳《ろくさい》の誕生《たんじょう》パーティーだ。この日《ひ》のためにグルーは念入《ねんい》りに準備《じゅんび》をした。子《こ》どもたちの学校《がっこう》の友《とも》だちやその親《おや》、近所《きんじょ》の人《ひと》に招待状《しょうたいじょう》を送《おく》ったり、会場《かいじょう》の裏庭《うらにわ》を飾《かざ》ったり。

さらにとっておきの呼《よ》び物《もの》も用意《ようい》してある。夢見《ゆめみ》る少女《しょうじょ》アグネスのために、派遣会社《はけんがいしゃ》に妖精《ようせい》のお姫様《ひめさま》をよこすよう頼《たの》んでいた。もちろんお姫様《ひめさま》の扮装《ふんそう》をした偽物《にせもの》だが、無邪気《むじゃき》なアグネスは本物《ほんもの》だと思《おも》って大喜《おおよろこ》びするはずだ。

庭《にわ》の片隅《かたすみ》のバーベキュー・グリルで肉《にく》を焼《や》いていたグルーは、みんなの楽《たの》しそうな様子《ようす》を見《み》て得意《とくい》げだった。

昔《むかし》のグルーだったら、自分《じぶん》が赤《あか》いギンガムチェックのエプロンをかけて料理《りょうり》している姿《すがた》など、想像《そうぞう》もできなかったろう。けれど今《いま》のグルーは、三姉妹《さんしまい》のためならなんでもしてやりたい気持《きも》ちでいっぱいだった。

エプロンのポケットから、携帯電話《けいたいでんわ》の呼《よ》び出《だ》し音《おん》が聞《き》こえた。

「なんだって？　来《こ》られなくなったってどういうことだ？」

グルーは、肉《にく》を焼《や》きながら、顎《あご》と肩《かた》の間《あいだ》にはさんだ電話機《でんわき》に叫《さけ》んだ。電話《でんわ》は派遣会社《はけんがいしゃ》からで、お姫様《ひめさま》が急《きゅう》に来《こ》られなくなったのだという。

グルーの足元《あしもと》ではミニオンたちが引《ひ》き続《つづ》き大騒《おおさわ》ぎしている。

「今《いま》さら返金《へんきん》するって言《い》われても困《こま》る。冗談《じょうだん》はよしてくれ。娘《むすめ》たちがお姫様《ひめさま》の登場《とうじょう》を待《ま》ちわびているんだぞ。小《ちい》さな女《おんな》の子《こ》たちの夢《ゆめ》を壊《こわ》す気《き》か？」

グルーはぷんぷん怒《おこ》りながら電話《でんわ》を切《き》った。ふと気《き》づくと、アグネスが期待《きたい》に満《み》ちた顔《かお》で、グリルの前《まえ》に立《た》っている。

「ねえ、お姫様《ひめさま》はいつ来《き》てくれるの？」

そのきらきら輝《かがや》く瞳《ひとみ》を見《み》ていると、お姫様《ひめさま》が来《こ》られなくなったとはとても言《い》えない。しかたなく、グルーは口《くち》にした。

「もうすぐだよ」

「やったあ！」

アグネスはユニコーンに乗《の》ったまま、大喜《おおよろこ》びで跳《は》ねていった。そのうしろ姿《すがた》を見《み》て、グルーはため息《いき》をついた。

「いいか、しばらく時間稼《じかんかせ》ぎをして、子《こ》どもたちの気《き》をそらしておけよ」

グルーは近《ちか》くにいたミニオンに命令《めいれい》した。了解《りょうかい》！　ミニオンは手《て》を上《あ》げ、ミニオン語《ご》で返事《へんじ》をした。彼《かれ》らにとってグルーの命令《めいれい》は絶対《ぜったい》なのだ。

ミニオンたちは時間稼《じかんかせ》ぎにマジック・ショーをすることにした。子《こ》どもたちが芝生《しばふ》に座《すわ》って待《ま》っていると、黒《くろ》いシルクハットに黒《くろ》いスーツを着《き》たミニオンが二体《にたい》あらわれた。

何《なに》が始《はじ》まるんだろう？　子《こ》どもたちは胸《むね》をワクワクさせて見《み》つめている。一体《いったい》のミニオンがオレンジ色《いろ》の風船《ふうせん》をふくらませ、忍者姿《にんじゃすがた》のイディスの口《くち》にくわえさせた。するともう一体《いったい》のミニオンが電動《でんどう》のこぎりを取《と》りだした。

ウィーン！　電動《でんどう》のこぎりが音《おと》をたてる。

「ちょっと、何《なに》する気《き》？」

マーゴがあわてて飛《と》びだした。そんな物騒《ぶっそう》なものを振《ふ》りまわされてはたまらない。

「マジック・ショーはこれでおしまい！」

マーゴは二体《にたい》のミニオンを下《さ》がらせた。えー？　子《こ》どもたちの間《あいだ》からがっかりした声《こえ》が上《あ》がった。

そのとき、どこかからチリリン！　と鈴《すず》の音《おと》がした。

「ねえ、今《いま》の聞《き》こえた？」

マーゴは、あたりをきょろきょろ見《み》まわした。

「妖精《ようせい》が魔法《まほう》の粉《こな》を振《ふ》りかけるときの音《おと》みたい！」

子《こ》どもたちはたちまち目《め》を輝《かがや》かせた。アグネスが叫《さけ》んだ。

「やっとお姫様《ひめさま》が来《く》るのね！」

「見《み》て！」

マーゴは空《そら》を指《ゆび》さした。すると、空《そら》からお姫様《ひめさま》がしずしずと舞《ま》いおりてくるではないか。金色《きんいろ》の巻《ま》き毛《げ》、ピンクのドレス、背中《せなか》の薄《うす》く大《おお》きな羽《はね》、手《て》には魔法《まほう》の杖《つえ》を持《も》っている。

格好《かっこう》だけはお姫様《ひめさま》だが、なんだか体《からだ》がごつい。それもそのはず、グルーが扮《ふん》しているのだから。アグネスをがっかりさせたくない一心《いっしん》で。

屋根《やね》の上《うえ》ではミニオンたちが、グルーを吊《つ》るしたロープを懸命《けんめい》に支《ささ》えていた。少《すこ》しずつロープをゆるめて、ゆっくりとグルーを地面《じめん》におろすはずだったのだが、急《きゅう》に音《おと》をたてて飛《と》んできた風船《ふうせん》に気《き》を取《と》られ、思《おも》わずロープを持《も》った手《て》を放《はな》してしまった。

「うわー！」

グルーは宙吊《ちゅうづ》りになったまま家《いえ》の壁《かべ》にぶつかり、その反動《はんどう》で反対側《はんたいがわ》の壁《かべ》にもぶつかり、地面《じめん》に落下《らっか》した。

ミニオンのやつらめ！　グルーはかっとなって思《おも》わず声《こえ》を荒《あら》らげそうになったが、お姫《ひめ》様《さま》に扮《ふん》していることを思《おも》いだし、わざと甲高《かんだか》い声《こえ》で話《はな》した。

「オホホ……あたくしはグルー・ジンカーベルよ。妖精《ようせい》の中《なか》で一番《いちばん》魔法《まほう》を使《つか》うのが上手《じょうず》なの。今日《きょう》はアグネス姫《ひめ》を祝《いわ》うために来《き》ました。お誕生日《たんじょうび》、おめでとう！」

そう言《い》いながら、グルーはきらきらする粉《こな》を振《ふ》りまいた。大人《おとな》たちはきょとんとした顔《かお》で、奇妙《きみょう》な妖精《ようせい》のお姫様《ひめさま》を見《み》つめている。

「ねえ、なんでそんなに太《ふと》ってるの？」

小《ちい》さな女《おんな》の子《こ》が手《て》を上《あ》げて質問《しつもん》した。このクソガキ！ グルーは歯《は》をくいしばり、作《つく》り笑《わら》いを浮《う》かべた。

「オホホ。あたくしはお菓子《かし》の家《いえ》に住《す》んでいてね、ときどきストレスで食《た》べすぎちゃうからなの」

グルーは手《て》にした魔法《まほう》の杖《つえ》で、女《おんな》の子《こ》の頭《あたま》をぴしゃぴしゃ叩《たた》いた。そしてそれ以上変《いじょうへん》な質問《しつもん》をされないうちに、と声《こえ》を張《は》りあげた。

「さあ、ケーキを食《た》べましょう！」

わあい！ 子《こ》どもたちは大喜《おおよろこ》びでケーキ目《め》がけて走《はし》っていった。ふう、やれやれ。グルーが額《ひたい》の汗《あせ》をぬぐっていると、アグネスがにこにこしながら近《ちか》づいてきた。

「ありがとう、グルー・ジンカーベルさん。最高《さいこう》のお姫様《ひめさま》よ！」

グルーはにっこり笑《わら》い返《かえ》し、甲高《かんだか》い声《こえ》で告《つ》げた。

「どういたしまして、かわいいお姫様《ひめさま》」

アグネスはみんなのほうに行《い》こうとしたが、くるりと振《ふ》り向《む》いてグルーに耳打《みみう》ちした。

「あたし、知《し》ってるよ。本当《ほんとう》はグルーさんなんでしょ？　でも、ほかの子《こ》には内緒《ないしょ》にしとくね」


パーティーに参加《さんか》している大人《おとな》のひとり、ジリアンが、お姫様《ひめさま》の格好《かっこう》をしたグルーに近《ちか》づいてきた。グルーは顔《かお》をしかめた。ジリアンはいつもデート相手《あいて》を紹介《しょうかい》しようとするのだが、どれもグルーの気《き》に入《い》らない相手《あいて》ばかりだった。

「さすがグルー！　盛《も》りあげ上手《じょうず》ね。ねえ、ちょっと困《こま》ってるんだけど、あたしの友《とも》だちのナタリーが最近《さいきん》ひとりものになっちゃって――」

また始《はじ》まった。グルーはすかさず、ジリアンの言葉《ことば》をさえぎった。

「いや、そういう話《はなし》は結構《けっこう》。遠慮《えんりょ》しとくよ」

「待《ま》っててちょうだい。彼女《かのじょ》、すごく面白《おもしろ》い人《ひと》でね。カラオケが大好《だいす》きなの。いつも暇《ひま》をもてあましていて――ルックスなんて気《き》にしないし」

　グルーは頭《あたま》を振《ふ》った。

「いや、俺《おれ》は今《いま》のままで満足《まんぞく》してるから」

　その場《ば》から離《はな》れていこうとすると、ジリアンがさらに迫《せま》った。

「だったらナタリーのことは忘《わす》れて。あたしの従妹《いとこ》のリンダなんかどう？」

「いや結構《けっこう》！」

「そうそう、最近《さいきん》ご主人《しゅじん》を亡《な》くしたばかりの人《ひと》がいてね」

　しつこいぞ！　グルーはホースを手《て》に取《と》ると、くるりと振《ふ》り向《む》いてジリアンの顔《かお》に水《みず》をかけた。

「失礼《しつれい》、そこにいると思《おも》わなかったから」

　そしてさらに水《みず》をかけて、ジリアンをふっ飛《と》ばした。ざまあみやがれ。グルーは心《こころ》の中《なか》でにんまり笑《わら》った。

2

夕暮《ゆうぐ》れになると、グルーは犬《いぬ》のカイルを玄関《げんかん》から外《そと》に出《だ》した。カイルはさっそく片脚《かたあし》を上《あ》げて花壇《かだん》におしっこをかけようとした。すかさずグルーが止《と》める。

「こら、カイル！　ペチュニアにおしっこをかけちゃダメだ！」

グルーはカイルを抱《だ》きかかえて白《しろ》い垣根《かきね》の向《む》こう、隣家《りんか》のフレッドの庭《にわ》におろした。シャーシャー！　カイルが勢《いきお》いよくおしっこをかけると、たちまちフレッドの家《いえ》の花《はな》は枯《か》れてしまった。

「よしよし、いい子《こ》だ」

「ミスター・グルー？」

背後《はいご》から女《おんな》の声《こえ》がする。

ちっ、隣《となり》の家《いえ》でおしっこさせてるのを見《み》られたか？　グルーが振《ふ》り返《かえ》ると、すらりと背《せ》の高《たか》い赤毛《あかげ》の女《おんな》が、道路《どうろ》に立《た》っていた。青《あお》いロングコートにサングラス、なかなかイカす女《おんな》だ。

グルーと目《め》が合《あ》うと、女《おんな》はかけていたサングラスを頭《あたま》にずらし、身分証明書《みぶんしょうめいしょ》を取《と》りだした。

「反悪党同盟《はんあくとうどうめい》のルーシーです。一緒《いっしょ》にいらしていただけない？」

なんだと？　グルーは女《おんな》の偉《えら》そうな物言《ものい》いにむっとした。俺《おれ》に命令《めいれい》するなんて、百年早《ひゃくねんはや》いってんだ。

すかさず胸元《むなもと》から黒《くろ》い武器《ぶき》を取《と》りだす。フリーズ銃《じゅう》だ。この光線《こうせん》を浴《あ》びると、相手《あいて》は一瞬《いっしゅん》にして氷《こおり》に包《つつ》まれて凍《こお》ってしまう。グルーはいつもこの銃《じゅう》で面倒《めんどう》な相手《あいて》を退治《たいじ》していた。

「食《く》らえ！　冷凍光線《れいとうこうせん》だ！」

グルーはフリーズ銃《じゅう》の引《ひ》き金《がね》に指《ゆび》をかけた。が、ルーシーは顔色《かおいろ》ひとつ変《か》えずに銀色《ぎんいろ》の武器《ぶき》を取《と》りだし、同《おな》じく引《ひ》き金《がね》に指《ゆび》をかけた。小型《こがた》の火炎放射器《かえんほうしゃき》だ。

グルーのフリーズ銃《じゅう》から青白《あおじろ》い光線《こうせん》が、ルーシーの火炎放射器《かえんほうしゃき》からオレンジ色《いろ》の炎《ほのお》が発《はっ》射《しゃ》された。

ビビッ！　空中《くうちゅう》で光線《こうせん》と炎《ほのお》が激突《げきとつ》！　ジュッという音《おと》とともに、冷凍光線《れいとうこうせん》も炎《ほのお》も一瞬《いっしゅん》のうちに消《き》えてしまった。勝負《しょうぶ》は引《ひ》き分《わ》けだ。

くっそう。グルーは歯《は》ぎしりをした。なんなんだ、このルーシーって女《おんな》は？

「どんな武器《ぶき》か明《あ》かすのは、発射《はっしゃ》してからのほうがいいんじゃない？」

ルーシーは相変《あいか》わらず平然《へいぜん》とした顔《かお》で言《い》うと、今度《こんど》は口紅《くちべに》を取《と》りだしてキャップをはずし、

「たとえば、こんなふうに」

と言《い》うなり、つかつかと近《ちか》づいて、グルーに口紅《くちべに》を向《む》けた。先端《せんたん》からワイヤーが飛《と》びだした途端《とたん》、ビリビリ！　グルーの体《からだ》に電流《でんりゅう》が走《はし》った。

「うわっ！」

グルーは目《め》を白黒《しろくろ》させ、手足《てあし》をバタバタさせて悶《もだ》えた。その様子《ようす》を見《み》て、ルーシーは勝《か》ち誇《ほこ》った様子《ようす》で胸《むね》を張《は》った。

「リップスティック光線《こうせん》よ！」

それは、口紅《くちべに》の形《かたち》をしたテーザー銃《じゅう》だった。銃口《じゅうこう》から飛《と》びだしたワイヤーの先《さき》に電極《でんきょく》がついている。それが体《からだ》に刺《さ》さると、相手《あいて》は高圧電流《こうあつでんりゅう》を浴《あ》び、電気《でんき》ショックで倒《たお》れてしまうのだ。

ばたり！　グルーは地面《じめん》にひっくり返《かえ》った。

さすがの威力《いりょく》！　ルーシーは駐《と》めてある自分《じぶん》の車《くるま》までグルーを引《ひ》っぱっていこうと、足《あし》を持《も》った。が、グルーの体《からだ》が重《おも》すぎて一歩《いっぽ》も先《さき》に進《すす》めない。次《つぎ》に体《からだ》を転《ころ》がしていこうとしたが、これも無理《むり》だった。

こうなったら車《くるま》を近《ちか》づけるしかないわね。ルーシーは車《くるま》に戻《もど》って運転席《うんてんせき》に座《すわ》ると、グルーに向《む》けて勢《いきお》いよくバックさせた。

グルーがよろよろと立《た》ちあがった。その目《め》が丸《まる》くなる。青《あお》い小型車《こがたしゃ》がバックで向《む》かってくる。それもすごいスピードで！

ボン！　車《くるま》にぶつかり、今度《こんど》こそグルーは完全《かんぜん》に伸《の》びてしまった。

「あら、失礼《しつれい》」

ルーシーは車《くるま》のトランクをあけ、なんとかグルーの体《からだ》を押《お》しこんだ。それを二体《にたい》のミニオン――トムとスチュアート――が見《み》ていた。二体《にたい》はミニオン語《ご》で叫《さけ》んだ。

「ター！　ター！」

たいへん！　グルーが連《つ》れていかれちゃう！

二体《にたい》はとことこ走《はし》り、ルーシーの車《くるま》を追《お》いかけた。トムが先《さき》に車《くるま》のトランクに飛《と》び乗《の》り、スチュアートに手《て》を伸《の》ばした。その手《て》をつかんでスチュアートもトランクに乗《の》ろうとしたが、足《あし》をすべらせてしまった。

トムはあわてて、スチュアートのオーバーオールの肩《かた》ひもをつかんだ。

うわっ。スチュアートは道路《どうろ》に落《お》ちたが、ビューンと伸《の》びた肩《かた》ひものおかげで、車《くるま》に引《ひ》きずられていく形《かたち》になった。ガガガガ……靴底《くつぞこ》から火花《ひばな》が散《ち》る。

やがてルーシーの車《くるま》は猛《もう》スピードで角《かど》を曲《ま》がった。遠心力《えんしんりょく》でスチュアートの体《からだ》も大《おお》きく回《まわ》り、反対側《はんたいがわ》の角《かど》に積《つ》んであったゴミの山《やま》に突《つ》っこむ。スチュアートはゴミの山《やま》にあった段《だん》ボールをそのまま巻《ま》きこみ、段《だん》ボールのサイドカーに乗《の》っているようにくつろいだ。さらに次《つぎ》の角《かど》では物干《ものほ》し竿《ざお》に衝突《しょうとつ》し、タオルが頭《あたま》に落《お》ちてきた。

うがが、前《まえ》が見《み》えない。ジタバタしているうちにタオルがマントのように絡《から》みつき、ふわっとスチュアートの体《からだ》が道路《どうろ》から浮《う》かびあがった。

タオルが風《かぜ》をはらんでパラシュートのようにふくらみ、さらに自動車《じどうしゃ》に引《ひ》っぱられているため、凧揚《たこあ》げの凧《たこ》のように体《からだ》が空中《くうちゅう》に浮《う》きあがったのだ。

「フッフッー！」

わーい、空《そら》を飛《と》んでるぞ！　スチュアートは大喜《おおよろこ》びで片腕《かたうで》を振《ふ》りあげた。と、向《む》こうからカモの大群《たいぐん》が飛《と》んでくる。そのうちの一羽《いちわ》がよけきれずに、スチュアートの顔《かお》に衝突《しょうとつ》した。

あわわ、スチュアートは顔《かお》からカモを引《ひ》き離《はな》し、話《はな》しかけた。

「ハーイ、クエクエ！」


ん？　ルーシーはドアミラーを見《み》た。ミニオンが車《くるま》に引《ひ》っぱられて空《そら》を飛《と》んでいることに気《き》づくと、ブレーキを踏《ふ》んだ。急《きゅう》に車《くるま》が停止《ていし》した反動《はんどう》で、スチュアートの肩《かた》ひもをつかんでいたトムが空中《くうちゅう》に飛《と》びあがり、スチュアートに激突《げきとつ》した。

「ワー！」

二体《にたい》はそのまま落下《らっか》。ルーシーが車《くるま》の屋根《やね》をあけたため、そこからすとんと助手席《じょしゅせき》に落《お》ちた。

「ハチョー！」

トムとスチュアートが空手《からて》のポーズで抵抗《ていこう》しようとすると、ルーシーは二体《にたい》にリップスティック光線《こうせん》を発射《はっしゃ》した。ビビッ！　二体《にたい》の体《からだ》を電流《でんりゅう》が貫《つらぬ》く。

「ワチャワチャ！」

トムとスチュアートはミニオン語《ご》でわめき、たちまち気絶《きぜつ》してしまった。

ルーシーは素知《そし》らぬ顔《かお》で、そのまま運転《うんてん》を続《つづ》けた。車《くるま》は人々《ひとびと》がよける中《なか》、猛《もう》スピードで街《まち》を突《つ》っ切《き》っていく。やがて桟橋《さんばし》にさしかかったが、スピードはそのままだ。のんびり釣《つ》りをしていた男《おとこ》が、あわててとびのく。

車《くるま》はスピードを落《お》とすことなく、桟橋《さんばし》から海《うみ》に突《つ》っこんでいった。

車《くるま》が海《うみ》に飛《と》びこんだぞ！　桟橋付近《さんばしふきん》にいた人《ひと》たちは仰天《ぎょうてん》した。車《くるま》はあっという間《ま》に波間《なみま》に沈《しず》んでいった。

運転席《うんてんせき》のルーシーは顔色《かおいろ》ひとつ変《か》えずに、スイッチを押《お》した。タイヤが水平《すいへい》になって車体《しゃたい》の中《なか》に引《ひ》っこむ。次《つぎ》に屋根《やね》がグイーンとせり上《あ》がり、フロントガラスと両《りょう》サイドの窓《まど》が倍《ばい》の大《おお》きさになった。屋根《やね》の両脇《りょうわき》にはライトがついていて、海中《かいちゅう》の行《ゆ》く手《て》を照《て》らす。

さらに車体《しゃたい》の両脇《りょうわき》からにゅっとスクリューが突《つ》きでて、たちまち車《くるま》は水中艇《すいちゅうてい》に変《か》わってしまった。

電気《でんき》ショックから目覚《めざ》めたトムとスチュアートは、丸《まる》い目《め》をさらに丸《まる》くして、海《うみ》の中《なか》をきょろきょろ眺《なが》めた。

「ワーオ！」

すごい、水族館《すいぞくかん》の中《なか》にいるみたいだ！

フロントガラスにタコがひっついた。ルーシーはワイパーを動《うご》かしてタコの頭《あたま》をぴしゃぴしゃ叩《たた》いた。タコは怒《おこ》って墨《すみ》を吐《は》いて去《さ》っていった。フロントガラスが真《ま》っ黒《くろ》になったが、海水《かいすい》に洗《あら》われてすぐにきれいになった。

群《む》れをなして泳《およ》いでいる魚《さかな》の一団《いちだん》にさしかかると、ルーシーはクラクションを鳴《な》らして魚《さかな》をどかした。と、目《め》の前《まえ》に大《おお》きな牙《きば》をむいた巨大《きょだい》なサメが！

「キャア！」

トムとスチュアートは抱《だ》き合《あ》って震《ふる》えあがったが、ルーシーは平然《へいぜん》とした顔《かお》で、急《きゅう》ハンドルを切《き》ってサメをよけた。

しばらく海中《かいちゅう》を進《すす》んでいくと、前方《ぜんぽう》に巨大《きょだい》な潜水艇《せんすいてい》がぼんやりと見《み》えてきた。潜水艇《せんすいてい》の上部《じょうぶ》には、両脇《りょうわき》に光《ひかり》が連《つら》なる誘導路《ゆうどうろ》があった。ルーシーは誘導路《ゆうどうろ》を進《すす》みながら、また別《べつ》のスイッチを押《お》した。誘導路《ゆうどうろ》の先端《せんたん》の大《おお》きな扉《とびら》が開《ひら》き、車《くるま》は潜水艇《せんすいてい》の中《なか》に入《はい》った。

円形《えんけい》の台《だい》の上《うえ》で停止《ていし》すると、水中艇《すいちゅうてい》は元《もと》の車《くるま》に戻《もど》った。両脇《りょうわき》の壁《かべ》からばかでかいブラシとドライヤーが出《で》てきて、車《くるま》の水滴《すいてき》を払《はら》い、乾《かわ》かしていく。やがて車《くるま》を載《の》せたまま、円形《えんけい》の台《だい》はずんずん沈《しず》んでいった。

潜水艇《せんすいてい》の中央《ちゅうおう》に、巨大《きょだい》な円卓《えんたく》がある。その円卓《えんたく》の真《ま》ん中《なか》は大《おお》きくくり抜《ぬ》かれていて、車《くるま》はそこに運《はこ》ばれた。ルーシーが車《くるま》から降《お》り、ミニオンたちも飛《と》び降《お》りた。ルーシーが後部《こうぶ》のトランクをあけると、グルーが転《ころ》げ落《お》ちた。

「ここはどこだ……あー脚《あし》がビリビリする」

グルーがぼやいた。長《なが》い間《あいだ》閉《と》じこめられていたので、脚《あし》がしびれてすぐには動《うご》けない。おまけに頭《あたま》にはヒトデがへばりついている。

いったい何《なに》がどうなっているんだ？　ここはどこなんだ？　あっけに取《と》られていると、

「こんにちは、ミスター・グルー」

と、どこからか声《こえ》がした。

3

グルーは、自分《じぶん》が大《おお》きな輪《わ》っか状《じょう》のテーブルの真《ま》ん中《なか》にいることに気《き》づいた。声《こえ》の主《ぬし》は、上座《かみざ》にいるスーツ姿《すがた》の男《おとこ》だった。太鼓腹《たいこばら》をさらに突《つ》きだし、偉《えら》そうに椅子《いす》にふんぞり返《かえ》っ

ている。

「こんなやり方《かた》でお連《つ》れして、申《もう》し訳《わけ》ない」

「ちょっと待《ま》ってください」

ルーシーが口《くち》を出《だ》した。

「私《わたし》は謝《あやま》りませんよ。だって楽《たの》しくって、ワクワクしちゃいましたもの。本当《ほんとう》に。まるで――」

「そこまでだ、ワイルド捜査官《そうさかん》」

スーツ姿《すがた》の男《おとこ》が、むっとした口調《くちょう》でたしなめた。

ルーシーは自分《じぶん》が調子《ちょうし》に乗《の》りすぎたことに気《き》づいて、うしろに下《さ》がった。グルーは頭《あたま》にはりついたヒトデを投《な》げ捨《す》て、怒《いか》りをぶちまけた。

「すみません」

いきなりリップスティック光線《こうせん》とやらで気絶《きぜつ》させられて車《くるま》のトランクに詰《つ》めこまれ、わけのわからない場所《ばしょ》に連《つ》れてこられたのだ。これが怒《おこ》らずにいられようか？

「こんなことしていいと思《おも》ってんのか？　何様《なにさま》のつもり――」

スーツ姿《すがた》の男《おとこ》は眉《まゆ》ひとつ動《うご》かさず、グルーの言葉《ことば》をさえぎった。

「私《わたし》たちは反悪党同盟《はんあくとうどうめい》だ」

男《おとこ》が告《つ》げると、空中《くうちゅう》に巨大《きょだい》なスクリーンがあらわれた。『反悪党同盟《はんあくとうどうめい》』のロゴマークがでかでかと記《しる》されている。

「私《わたし》たちは地球規模《ちきゅうきぼ》の犯罪《はんざい》と戦《たたか》う極秘組織《ごくひそしき》だ」

男《おとこ》は説明《せつめい》を続《つづ》ける。

「銀行強盗《ぎんこうごうとう》？　殺人《さつじん》？　そんなものは相手《あいて》にしない。私《わたし》たちの敵《てき》は、南極《なんきょく》や北極《ほっきょく》の氷《こおり》を溶《と》かしたり、富士山《ふじさん》を爆発《ばくはつ》させたり――」

男《おとこ》は左手《ひだりて》に紅茶《こうちゃ》のカップを持《も》ち、右手《みぎて》に持《も》ったスプーンでグルーを指《さ》した。

「――月《つき》を盗《ぬす》んだりするやつだ。そういう悪党《あくとう》と戦《たたか》うのが私《わたし》たちの使命《しめい》だ」

グルーは胸《むね》の前《まえ》で腕《うで》を組《く》み、男《おとこ》をにらみつけた。

「言《い》っとくが、俺《おれ》が月《つき》を盗《ぬす》んだって証拠《しょうこ》はないぞ。もし仮《かり》に盗《ぬす》んだとしても、ちゃんと元《もと》の場所《ばしょ》に返《かえ》した」

「よーくわかっているとも、ミスター・グルー。だから君《きみ》をここに呼《よ》んだのだ。私《わたし》は同盟《どうめい》のリーダーで、サイラス・ラムズボトムという」

「ボトム、オケツ？」

トムとスチュアートが顔《かお》を見合《みあ》わせて、くすくす笑《わら》った。〝ボトム〟には〝尻《しり》〟という意味《いみ》があるからだ。

ラムズボトムは二体《にたい》の笑《わら》い声《ごえ》を聞《き》きつけ、むっとした顔《かお》になった。

「面白《おもしろ》いかね？」

名前《なまえ》のことでからかわれるのは、これが初《はじ》めてではない。ため息《いき》をつくと、ラムズボトムは続《つづ》きを説明《せつめい》するようルーシーをうながした。スクリーンに、空《そら》に浮《う》かぶ巨大《きょだい》なU字形《ユーじがた》磁石《じしゃく》が映《うつ》しだされた。磁石《じしゃく》の先《さき》には六角形《ろっかくけい》の建物《たてもの》が吸《す》いついている。

ルーシーが説明《せつめい》を始《はじ》めた。

「最近《さいきん》、北極圏《ほっきょくけん》にあったロシアの極秘研究所《ごくひけんきゅうじょ》が消《き》えてしまったの。ええ、研究所《けんきゅうじょ》がそっくりそのまま。でも、どこに消《き》えたと思《おも》う？」

「知《し》るもんか」

グルーはそっぽを向《む》いた。今度《こんど》はスクリーンに、白衣《はくい》を着《き》た人間《にんげん》がウサギに注射《ちゅうしゃ》を打《う》つ場面《ばめん》があらわれた。

「その研究所《けんきゅうじょ》では『PX―41《ピーエックス》』という変身薬《へんしんぐすり》を研究《けんきゅう》していたの。物質《ぶっしつ》を変形《へんけい》させる薬《くすり》よ。ものすごいんだから。見《み》て」

ルーシーはスクリーンを指《ゆび》さした。注射《ちゅうしゃ》を打《う》たれた白《しろ》いウサギはどんどん変化《へんか》を遂《と》げ、ついには巨大《きょだい》で悪《わる》そうな紫色《むらさきいろ》のウサギになってしまった。怪物《かいぶつ》と化《か》したウサギが牙《きば》をむきだして研究者《けんきゅうしゃ》に襲《おそ》いかかる映像《えいぞう》を見《み》て、グルーは思《おも》わず顔《かお》をそむけ、ミニオンたちは失神《しっしん》してしまった。

「なんとも珍《めずら》しいウサギだな」

グルーが言《い》うと、ラムズボトムが真剣《しんけん》な口調《くちょう》で訴《うった》えた。

「見《み》てのとおりだ。もしこの薬《くすり》が悪党《あくとう》の手《て》に渡《わた》ったら、世界《せかい》でもっとも危険《きけん》な兵器《へいき》となる。幸《さいわ》いなことに、化学反応《かがくはんのう》を利用《りよう》してこの薬《くすり》の足跡《そくせき》をたどることができる。最新《さいしん》のテクノロジーで追跡《ついせき》し、我々《われわれ》は薬《くすり》がどこにあるかを突《つ》きとめた。パラダイス・モールだ」

ラムズボトムは席《せき》を立《た》ち、スクリーンの前《まえ》まで来《く》ると、指《ゆび》を鳴《な》らした。スクリーンに今度《こんど》はショッピングモールの立体地図《りったいちず》があらわれた。

「モール に薬《くすり》が?」

グルーが疑《うたが》わしそうに言《い》うと、

「そのとおり」

ラムズボトムはうなずいた。

「パラダイス・モールの店主《てんしゅ》の誰《だれ》かが薬《くすり》を持《も》っているのはまちがいない」

スクリーンにモールの店主《てんしゅ》の顔《かお》が、つぎつぎに映《うつ》しだされる。

「そこで、君《きみ》の出番《でばん》だ。ミスター・グルー。元悪党《もとあくとう》の君《きみ》なら、悪党《あくとう》の考《かんが》えることや行動《こうどう》が予測《よそく》できるだろうから」

グルーがむっつりした顔《かお》で話《はなし》を聞《き》いていると、ルーシーが続《つづ》きを引《ひ》き取《と》った。

「あなたにモールの店《みせ》に潜入《せんにゅう》してもらいたいの。うまくいけば——」

グルーは頭《かぶり》を振《ふ》った。悪党《あくとう》を捕《つか》まえろだと? その手《て》の危険《きけん》な世界《せかい》からは足《あし》を洗《あら》ったんだ。娘《むすめ》たちのために。今《いま》さら危《あぶ》ない真似《まね》ができるかってんだ!

「オーケイ。どういう話《はなし》かわかった」

グルーは背中《せなか》で両手《りょうて》を組《く》み、険《けわ》しい顔《かお》でラムズボトムに詰《つ》め寄《よ》った。

「要《よう》するに映画《えいが》の『ミッション・インポッシブル』みたいなことをやれってんだろ？　お断《ことわ》りだね。俺《おれ》は今《いま》じゃ三姉妹《さんしまい》の父親《ちちおや》だし、まっとうな仕事《しごと》をしてる。おいしいジャムとゼリーを開発《かいはつ》してるんだ」

「ジャムとゼリーだって？」

ラムズボトムが鼻《はな》で笑《わら》った。グルーは憤然《ふんぜん》とした顔《かお》で言《い》い返《かえ》した。

「ああ、そうだとも。それのどこが悪《わる》い？　とにかく、俺《おれ》はお断《ことわ》りだ」

グルーは肩《かた》でラムズボトムを突《つ》きとばし、帰《かえ》ろうとした。が、くるりと振《ふ》り返《かえ》り、

「そうだ、言《い》い忘《わす》れてた。この次《つぎ》、人《ひと》を感電《かんでん》させたり誘拐《ゆうかい》したりするときは、前《まえ》もって確《かく》認《にん》の電話《でんわ》をしてくれよな！　じゃあな、あばよ。羊《ひつじ》のオケツさん」

「ラムズボトムだ」

「どっちだって同《おな》じだろ」

グルーはドアに向《む》かった。そのあとをミニオンたちもケラケラ笑《わら》いながら追《お》いかける。ドアをあけ、グルーはぎょっとした。なんと、そこは海《うみ》の上《うえ》。

いつの間《ま》にか潜水艇《せんすいてい》は浮上《ふじょう》していたのだ。グルーは初《はじ》めて自分《じぶん》がどこに連《つ》れてこられた

のか理解《りかい》した。呆然《ぼうぜん》としていると、背後《はいご》から肩《かた》を叩《たた》かれた。

振《ふ》り向《む》くと、ルーシーが立《た》っている。遠慮《えんりょ》がちに彼女《かのじょ》は言《い》った。

「ねえ、こんなこと言《い》っちゃいけないかもしれないけど。でも、あなたの悪党《あくとう》としての業《ぎょう》績《せき》は、それはもうスゴかったわ！」

ルーシーは両手《りょうて》を振《ふ》り、目《め》を輝《かがや》かせた。

「もしまた何《なに》かどでかいことをやりたくなったら、電話《でんわ》して」

連絡先《れんらくさき》の書《か》かれた紙《かみ》を、グルーは受《う》け取《と》った。そうしてミニオンたちに励《はげ》まされながら、潜水艇《せんすいてい》のそばに浮《う》かんでいるボートを漕《こ》いで戻《もど》った。

4

家《いえ》に戻《もど》って子《こ》ども部屋《べや》に入《はい》ると、長女《ちょうじょ》のマーゴと次女《じじょ》のイディスはまだ起《お》きていた。マ

ーゴは携帯電話《けいたいでんわ》をいじっていて、イディスは絵《え》を描《か》いている。床《ゆか》では犬《いぬ》のカイルが吠《ほ》えていた。

グルーは優《やさ》しく叱《しか》った。

「もう寝《ね》ろって言《い》っておいただろ！」

マーゴとイディスは自分《じぶん》たちのベッドに向《む》かった。大《おお》きな弾丸《だんがん》をくり抜《ぬ》いて作《つく》ったベッドだ。

「ねえ、いつデートするの？」

イディスにいきなり言《い》われ、グルーは目《め》を丸《まる》くした。

「デートって？」

「忘《わす》れたの？　ジリアンが、いい人紹介《ひとしょうかい》するって言《い》ってたじゃない」

イディスは興味津々《きょうみしんしん》といった顔《かお》だ。

「ああ、そのことか。ジリアンはちょっとオツムがどうかしてるんだよ。俺《おれ》はデートなんてする気《き》は、これっぽっちもないから」

「なんで？　デートが怖《こわ》いの？」

イディスの言葉《ことば》に、グルーの胸《むね》がずきんと痛《いた》んだ。子《こ》ども時代《じだい》の記憶《きおく》が蘇《よみがえ》ってくる。

それはグルーがまだ幼稚園《ようちえん》に通《かよ》っていたときの話《はなし》だ。滑《すべ》り台《だい》やブランコで遊《あそ》んでいる子《こ》どもたちのにぎやかな声《こえ》が響《ひび》くなか、グルー少年《しょうねん》は一輪《いちりん》の花《はな》を手《て》に、園庭《えんてい》の真《ま》ん中《なか》で緊張《きんちょう》して突《つ》っ立《た》っていた。

今日《きょう》こそ、リサに話《はな》しかけるぞ。そう心《こころ》に決《き》めていた。リサはブロンドのかわいらしい女《おんな》の子《こ》で、グルーはひそかにあこがれていたのだ。

グルーの視線《しせん》の先《さき》では、リサが友人《ゆうじん》とおしゃべりの真《ま》っ最中《さいちゅう》だった。人類《じんるい》が初《はじ》めて月面《げつめん》に着陸《ちゃくりく》した瞬間《しゅんかん》をテレビで見《み》たかどうか、話《はな》しているようだ。

グルーはそっとふたりに近《ちか》づいた。

「ええと、リサ？」

勇気《ゆうき》を出《だ》して声《こえ》をかけたが、リサは話《はなし》に夢中《むちゅう》でまったく気《き》づかない。グルーはおずおずと手《て》を伸《の》ばし、リサの腕《うで》に触《ふ》れた。と、その瞬間《しゅんかん》、

「きゃあ、グルーがリサにさわった！　グルーがリサにさわった！　グルー菌《きん》がついちゃ

った〜」

近《ちか》くにいた赤毛《あかげ》の女《おんな》の子《こ》が、甲高《かんだか》い声《こえ》で叫《さけ》んだ。

「うわあ、やっだー！」

園庭《えんてい》にいた子《こ》どもたちがいっせいに逃《に》げだし、グルーの周囲《しゅうい》には誰《だれ》もいなくなってしまった……。

幼《おさな》い頃《ころ》の苦《にが》い思《おも》い出《で》を振《ふ》り払《はら》うように、グルーは口《くち》ごもりながらイディスに言《い》い訳《わけ》をした。

「怖《こわ》いって何《なに》が？　デートが？　女《おんな》の人《ひと》が？　そんなバカな！　デートなんて興味《きょうみ》がない、それだけだよ。はい、話《はなし》はおしまい。怖《こわ》いもんか……女《おんな》や……デートなんか……」

最後《さいご》の部分《ぶぶん》は自分《じぶん》に言《い》い聞《き》かせるように、つぶやいた。

「さあ、もう寝《ね》ろ」

グルーはベッドのイディスにおやすみのキスをすると、次《つぎ》にマーゴのベッドに向《む》かった。

マーゴはまだ携帯電話《けいたいでんわ》をいじっている。誰《だれ》かとメールをやり取《と》りしているらしい。

「おいおい、誰《だれ》にメールしてるんだ？」

マーゴはベッドに寝《ね》たまま、肩《かた》をすくめた。

「べつに。友《とも》だちのエイブリーよ」

「エイブリー？」

グルーは眉《まゆ》をひそめた。

「それは女《おんな》の子《こ》の名前《なまえ》か？　男《おとこ》の子《こ》の名前《なまえ》か？」

「どっちだっていいじゃない」

マーゴがそっけなく答《こた》えると、

「ああ、どっちだっていいさ……男《おとこ》の子《こ》じゃないかぎりは」

グルーはきっとした口調《くちょう》で言《い》った。男《おとこ》の子《こ》とメールなんて、冗談《じょうだん》じゃない。と、寝《ね》ていたはずのアグネスが、いきなり口《くち》をはさんだ。

「男《おとこ》の子《こ》と女《おんな》の子《こ》のちがい、知《し》ってるよ」

ぎょっとして、グルーはアグネスに振《ふ》り返《かえ》った。

「そ……それは、なんなんだい？」

「頭《あたま》がツルツルかどうか！」

アグネスはきっぱりと答《こた》え、グルーのスキンヘッドに手《て》を伸《の》ばした。

「丸《まる》くて、すべすべで卵《たまご》みたい。あたしね、ときどき思《おも》うの。そこからヒヨコがぴょこんって飛《と》びだしてくるんじゃないかって。ピヨピヨ、ピヨピヨ」

グルーはアグネスの無邪気《むじゃき》さに、ほろりとした。ベッドにかがみこみ、優《やさ》しく声《こえ》をかけた。

「おやすみ、アグネス」

いつまでも、大人《おとな》にならないでくれよな。そう思《おも》い、アグネスの額《ひたい》にキスをした。

その後《ご》、グルーは地下《ちか》の巨大《きょだい》な研究室《けんきゅうしつ》に向《む》かった。グルーが悪党《あくとう》だった時代《じだい》はそこでミサイルなどの武器《ぶき》を製造《せいぞう》していたのだが、今《いま》はゼリー工場《こうじょう》となり、ゴーグルにオーバーオール姿《すがた》のミニオンたちが、せっせと働《はたら》いていた。

「ハイッ！　ホッ！」

フォークリフト隊《たい》がフルーツの詰《つ》まった箱《はこ》を運《はこ》んでいくと、別《べつ》のグループがそれを受《う》け取《と》る。箱《はこ》から出《だ》されたフルーツは、一列《いちれつ》に並《なら》んだミニオンたちがひとつずつ手《て》わたしでリレーしていく。

色《いろ》とりどりのフルーツが入《はい》った大《おお》きな桶《おけ》の中《なか》では、二体一組《にたいひとくみ》となったミニオンたちがせっせと足踏《あしぶ》みして、フルーツをつぶしている。そうした一連《いちれん》の作業《さぎょう》を監督《かんとく》しているミニオンもいて、誰《だれ》かがふざけたり怠《なま》けたりしようものなら、すっ飛《と》んでいって注意《ちゅうい》する。

日頃《ひごろ》からグルーに鍛《きた》えられているだけあり、集団行動《しゅうだんこうどう》はお手《て》のものだ。

ベルトコンベアで運《はこ》ばれるガラス瓶《びん》には、つぎつぎに完成《かんせい》したゼリーが詰《つ》められていく。その横《よこ》で一体《いったい》のミニオンが間違《まちが》って足《あし》をふみはずし、製造中《せいぞうちゅう》のゼリー液《えき》に落下《らっか》。そのまま瓶詰《びんづ》めになって出《で》てきた。

グルーはガラス張《ば》りのエレベーターで地下《ちか》に降《お》りると、

「やあ、ティム、その髪型《かみがた》イカすぜ！」

「デイブ、頑張《がんば》ってるかい？」

ミニオンたちにつぎつぎと声《こえ》をかけた。おいしいゼリーを作《つく》って商品《しょうひん》として売《う》りだすには、みんなに頑張《がんば》ってもらわないといけない。

ミニオンたちはグルーを見《み》ると、うれしそうにそばに寄《よ》った。グルーを見《み》あげるみんなの目《め》は、キラキラと輝《かがや》いている。ミニオンたちにとってグルーは、絶対的《ぜったいてき》なリーダーであると同時《どうじ》に、尊敬《そんけい》とあこがれの対象《たいしょう》でもあるのだ。

一通《ひととお》り声《こえ》をかけたりハイタッチを交《か》わしたりしながら、グルーは白衣姿《はくいすがた》のネファリオ博士《はかせ》に近《ちか》づいた。博士《はかせ》はこの研究所《けんきゅうじょ》の主《あるじ》だ。年齢《ねんれい》はおよそ百五十歳《ひゃくごじっさい》。グルーでさえ一目置《いちもくお》く変人《へんじん》だ。

博士《はかせ》は先《さき》のとがった長《なが》い鼻《はな》と大《おお》きな耳《みみ》、胸《むね》まで垂《た》れ下《さ》がった顎《あご》が特徴《とくちょう》で、黒《くろ》いゴーグルと黒《くろ》い手袋《てぶくろ》がトレードマークだ。これまでグルーと組《く》んで数々《かずかず》の冒険《ぼうけん》を成《な》し遂《と》げてきたが、今《いま》ではゼリー工場《こうじょう》の設計《せっけい》やゼリーの調合《ちょうごう》に明《あ》け暮《く》れる毎日《まいにち》だ。

「よう、ネファリオ博士《はかせ》。今日《きょう》のゼリーはどんな具合《ぐあい》だい？」

「新《あたら》しい調合《ちょうごう》を開発《かいはつ》してみた。ありとあらゆるベリーをひとつの味《あじ》にまとめてみたんだ」

グルーは博士《はかせ》から瓶《びん》を受《う》け取《と》り、味見《あじみ》をした。オエッ！　あまりのまずさに吐《は》きだしそうになったが、あわててごまかした。

「うんまい！　俺好《おれごの》みの味《あじ》だ！　ほれ、お前《まえ》たちも味《あじ》わってみろ」

と言《い》い、近《ちか》くにいたミニオンに瓶《びん》を差《さ》しだした。

ミニオンはひと口《くち》舐《な》めるなり顔《かお》をしかめ、隣《となり》のミニオンに瓶《びん》を渡《わた》した。そのミニオンは瓶《びん》を逆《さか》さにしてゼリーを口《くち》に入《い》れた。ま、まずい！　ミニオンは怒《おこ》って瓶《びん》を床《ゆか》に叩《たた》きつけ、大騒《おおさわ》ぎを始《はじ》めた。

今日《きょう》も失敗《しっぱい》か。博士《はかせ》はがっくりとうなだれた。

「博士《はかせ》、味覚《みかく》ってのは、人《ひと》によってちがうから。ミニオンが嫌《きら》いな味《あじ》だからって、まずいわけじゃないさ」

グルーが肩《かた》を叩《たた》いてなぐさめると、博士《はかせ》はため息《いき》をついて顔《かお》をそむけた。

「グルー、話《はなし》がある。ずっと前《まえ》から言《い》いたかったんだ」

「なんだい、何《なに》か問題《もんだい》でもあるのか？」

研究所《けんきゅうじょ》の一画《いっかく》にある自分《じぶん》の仕事場《しごとば》にとぼとぼ向《む》かう博士《はかせ》の背中《せなか》に、グルーは心配《しんぱい》そうに声《こえ》をかけた。そういえば最近《さいきん》、博士《はかせ》は元気《げんき》がない。ゼリーがなかなか完成《かんせい》しないからだろうか？

博士《はかせ》はくるりと振《ふ》り向《む》くと、

「私《わたし》は悪党時代《あくとうじだい》が恋《こい》しいんだ！」

と、思《おも》いつめた表情《ひょうじょう》で訴《うった》えた。

「世紀《せいき》の犯罪《はんざい》とか、どでかい計画《けいかく》とか……それが私《わたし》の生《い》きがいなんだ！　ゼリー作《づく》りなんかより、他《ほか》にやることがあるだろう？」

「ふむ、ジャムの開発《かいはつ》も考《かんが》えてるがね」

ネファリオ博士《はかせ》はもう一度《いちど》、深々《ふかぶか》とため息《いき》をつくと、言《い》いづらそうに切《き》りだした。

「実《じつ》はな、グルー……よそから誘《さそ》いを受《う》けているんだ」

よそから誘《さそ》い？　それって引《ひ》きぬきか？　グルーはびっくりして目《め》を丸《まる》くした。

「おいおい、冗談《じょうだん》だろ？」

これまでずっと一緒《いっしょ》に組《く》んできた博士《はかせ》は、グルーにとって家族同然《かぞくどうぜん》だ。ミニオンたちにとっても。そんな博士《はかせ》がいなくなるなど、グルーには考《かんが》えられなかった。

けれど博士《はかせ》は無言《むごん》で、仕事場《しごとば》のボタンを押《お》した。設計台《せっけいだい》や機械類《きかいるい》がつぎつぎとたたまれていき、ひとつのキャリーバッグの中《なか》に収《おさ》まった。博士《はかせ》はグルーに背中《せなか》を向《む》けたまま、キャリーバッグの持《も》ち手《て》をつかんだ。

「私《わたし》にとっては、願《ねが》ってもないチャンスなんだ。ここより大《おお》きな研究所《けんきゅうじょ》が用意《ようい》されていて、もっとどでかい悪事《あくじ》を企《たくら》める。歯《は》の治療《ちりょう》もできる……」

博士《はかせ》ははなをすすった。

その姿《すがた》を見《み》て、グルーも覚悟《かくご》を決《き》めた。博士《はかせ》は本気《ほんき》だ。引《ひ》きとめることはできそうにない。これまでふたりで過《す》ごしてきた時間《じかん》を思《おも》うと胸《むね》が張《は》りさけそうだった。が、ここは男《おとこ》らしく送《おく》りだしてやるしかないだろう。

正直《しょうじき》いってグルーも、まずいゼリーを味見《あじみ》する毎日《まいにち》に飽《あ》き飽《あ》きしていた。悪党時代《あくとうじだい》の胸《むね》のすくような思《おも》いをもう一度《いちど》味《あじ》わってみたくて、うずうずしていた。かといって、悪党《あくとう》に戻《もど》る気《き》はないが。

「わかったよ、博士《はかせ》。せめてきちんと見送《みおく》らせてくれ」

グルーはミニオンたちを集合《しゅうごう》させた。最前列《さいぜんれつ》にはラッパのような武器《ぶき》を持《も》ったミニオンが七体並《ななたいなら》んでいる。

「みんなで、最上級《さいじょうきゅう》の敬意《けいい》を！　ネファリオ博士《はかせ》の長年《ながねん》の功績《こうせき》をたたえて、二十一発《にじゅういっぱつ》のオナラ砲《ほう》を放《はな》とう！」

グルーが腕《うで》をうしろに組《く》んで声《こえ》を張《は》りあげると、最前列《さいぜんれつ》のミニオン七体《ななたい》が三発《さんぱつ》ずつオナラ砲《ほう》を発射《はっしゃ》させた。ブォー！　ブォー！　ブォー！

たちまち茶色《ちゃいろ》の煙《けむり》が渦巻《うずま》いた。博士《はかせ》はその臭《くさ》さに閉口《へいこう》して、煙《けむり》を手《て》で払《はら》った。

「二十二発《にじゅうにはつ》だったぞ」

ミニオンがケラケラ笑《わら》う。

そうして愛用《あいよう》のスクーターにまたがり、博士《はかせ》は居並《いなら》ぶ大勢《おおぜい》のミニオンたちの前《まえ》を走《はし》った。あちこちからすすり泣《な》きの声《こえ》がする。抱《だ》き合《あ》って泣《な》いているミニオンもいる。博士《はかせ》がスクーターのボタンを押《お》すと、スクーターはゆっくりと宙《ちゅう》に舞《ま》いあがっていった。

「さらば、友《とも》よ！　もうみんなが恋《こい》しいぞ！」

博士《はかせ》が去《さ》ってしまうと、グルーは一枚《いちまい》の紙《かみ》をじっと見《み》つめた。昨夜《ゆうべ》、ルーシーからもらった連絡先《れんらくさき》の書《か》かれた紙《かみ》だ。反悪党同盟《はんあくとうどうめい》か……。

よし！　グルーは心《こころ》を決《き》めた。

5

「ピカピカ、ピッカピッカ～」

その夜《よる》、一体《いったい》のミニオンが歌《うた》をうたいながら、玄関《げんかん》ホールで掃除機《そうじき》をかけていた。白《しろ》いフリルのついた紺色《こんいろ》のワンピースを着《き》て、白《しろ》いエプロンをかけ、頭《あたま》にもレースのついたカチューシャ、とメイドさんのような格好《かっこう》だ。

ピンポーン。玄関《げんかん》のチャイムが鳴《な》った。メイド姿《すがた》のミニオンはエプロンとカチューシャを直《なお》すとちょこまかと玄関《げんかん》まで走《はし》り、ドアをあけた。

「ハロー！」

にっこり笑《わら》ったその途端《とたん》、突然《とつぜん》、目《め》の前《まえ》が真《ま》っ暗《くら》になった。いきなり頭《あたま》から袋《ふくろ》をかぶせられたのだ。ミニオンはそのまま何者《なにもの》かに誘拐《ゆうかい》されてしまった。

「フンフンフン〜」

オーバーオール姿《すがた》の別《べつ》のミニオンが、鼻歌《はなうた》まじりに玄関《げんかん》ホールを通《とお》りかかった。掃除用《そうじよう》具《ぐ》の入《はい》ったバケツを抱《かか》え、頭《あたま》にはタオルを巻《ま》いている。

あれ、掃除機《そうじき》がスイッチが入《はい》ったまま置《お》きっぱなしになってる？　ミニオンは首《くび》を傾《かし》げ、玄関《げんかん》のドアをあけてみた。が、誰《だれ》の姿《すがた》も見当《みあ》たらない。おかしいな。ミニオンはもう一度《いちど》首《くび》を傾《かし》げ、ドアを閉《し》めた。


翌朝《よくあさ》、マーゴ、イディス、アグネスの三姉妹《さんしまい》は大《おお》きなワニの体《からだ》をくりぬいたソファに座《すわ》り、グルーのノートパソコンをいじっていた。お見合《みあ》いサイトにアクセスして、グルーの恋人《こいびと》を探《さが》してやろうとしていたのだ。

「ねえ、こんなことしていいのかな？」

アグネスが心配《しんぱい》そうに尋《たず》ねると、マーゴが長女《ちょうじょ》らしくきっぱりと言《い》った。

「いいの！　だって、グルーさんのためなんだもの」

マーゴはマーゴなりに心配《しんぱい》していたのだ。グルーが自分《じぶん》たちに遠慮《えんりょ》して、誰《だれ》ともデートしないのではないかと。養護施設《ようごしせつ》から引《ひ》き取《と》られて、三姉妹《さんしまい》は幸《しあわ》せになった。今度《こんど》はグルーにも幸《しあわ》せになってほしい。それにお母《かあ》さんができたらうれしいし……。

マーゴは自己紹介《じこしょうかい》のページを開《ひら》いた。

「ここに載《の》せる写真《しゃしん》を選《えら》ばなくちゃ」

パソコンに入《はい》っている写真《しゃしん》をいろいろ取《と》りだしてみたが、女《おんな》の人《ひと》にデートしたいと思《おも》わせるような写真《しゃしん》はなかなか見《み》つからない。海水《かいすい》パンツ一丁《いっちょう》の写真《しゃしん》が出《で》てくると、三人《さんにん》は思《おも》わず、叫《さけ》んでいた。

「きゃあ！」

「キモい！」

マーゴはさっとアグネスの目《め》を手《て》でふさいだ。見《み》てはいけないものを見《み》てしまった気分《きぶん》だった。

そこにグルーが意気揚々《いきようよう》と居間《いま》に入《はい》ってきた。

「おはよう、みんな！　知《し》らせたいことがあるんだ」

けれど三人《さんにん》は、グルーの自己紹介《じこしょうかい》のページを作成《さくせい》するのに夢中《むちゅう》で、パソコンから顔《かお》を上《あ》げない。

「おい、何《なに》してるんだ？」

グルーはみんなと並《なら》んでソファに腰《こし》をおろし、尋《たず》ねた。

「お見合《みあ》いサイトに登録《とうろく》してあげてるの。グルーさんのために！」

アグネスがうれしそうに答《こた》えた。

「そうか、そうか」

何気《なにげ》なく返事《へんじ》をし、グルーはぎょっとした。

「なんだと？　お見合《みあ》いサイト？　冗談《じょうだん》じゃない！」

グルーはあわててパソコンを取《と》りあげた。

「ダメだ、ダメだ、絶対《ぜったい》にダメ！」

「なんでよ？　面白《おもしろ》そうなのに」

イディスが口《くち》をとがらせると、マーゴもお母《かあ》さんのような口調《くちょう》で言《い》った。

「そろそろデートくらいしてもいいんじゃない？」

けれど、グルーは聞《き》く耳《みみ》を持《も》たない。

「お断《ことわ》りだ！　デートなんてするもんか！　絶対《ぜったい》にな！」

幼《おさな》い日《ひ》の苦《にが》い思《おも》い出《で》が、グルーを女性恐怖症《じょせいきょうふしょう》にしてしまっていたのだ。けれど、そんなことは子《こ》どもたちには言《い》えない。

グルーは三人《さんにん》の前《まえ》に立《た》つと、話題《わだい》を変《か》えた。

「お前《まえ》たちに重大《じゅうだい》な知《し》らせがある」

と言《い》い、胸《むね》を張《は》った。

「新《あたら》しい仕事《しごと》を引《ひ》き受《う》けたんだ」

「わあ、本当《ほんとう》？」

マーゴが目《め》を輝《かがや》かせた。生《い》き生《い》きしているグルーを見《み》るのはうれしかった。

「ああ、最高秘密機関《さいこうひみつきかん》にスカウトされて、潜入捜査官《せんにゅうそうさかん》として世界《せかい》を救《すく》うことになったんだ！」

うわあ、すごい！　三姉妹《さんしまい》は目《め》を丸《まる》くした。

みんなの反応《はんのう》を見《み》て、グルーは満足《まんぞく》だった。善良《ぜんりょう》なパパもいいが、カッコよくて颯爽《さっそう》としたパパになって尊敬《そんけい》の目《め》で見《み》られるのもいいものだ。

「スパイになるの？」

イディスが尋《たず》ねると、グルーはうれしそうに答《こた》えた。

「そのとおり！　グルーが第一線《だいいっせん》にカムバックして、スパイグッズや武器《ぶき》やスーパーカーを使《つか》いこなすんだ」

「グルーさん、本当《ほんとう》に世界《せかい》を救《すく》うの？」

アグネスにうっとりとした目《め》で見《み》あげられ、グルーは気取《きど》ってサングラスをかけた。

「もちろんさ！」

待《ま》ってろよ、カッコいいパパを見《み》せてやるからな！

「モカ！」

「カカオ！」

「パパダム！」

ミニオンたちも気合《きあ》い十分《じゅうぶん》だ。

6

パラダイス・モールはドーム状《じょう》の形《かたち》をした、大《おお》きなガラス張《ば》りのショッピング・センターだ。中央《ちゅうおう》が吹《ふ》き抜《ぬ》けになっていて、噴水《ふんすい》のある広場《ひろば》を取《と》り囲《かこ》むようにして店《みせ》が軒《のき》を連《つら》ねている。

グルーはデイブ、ケビン、スチュアートの三体《さんたい》のミニオンを連《つ》れて、一階《いっかい》のカップケーキ店《てん》に向《む》かった。モールのどこかにいる『PX《ピーエックス》―41』を盗《ぬす》んだ犯人《はんにん》を捕《つか》まえるために、カップケーキ屋《や》として潜入《せんにゅう》することになったのだ。

デイブはサングラスをかけ、ケビンは顎《あご》ひげをつけ、スチュアートは赤《あか》いお下《さ》げ髪《がみ》のカツラに花柄《はながら》のスカート……が、エスカレーターに巻《ま》きこまれてパンツ姿《すがた》に。潜入捜査《せんにゅうそうさ》とあって、三体《さんたい》とも変装《へんそう》をしているのだ。

一行《いっこう》は店《みせ》の前《まえ》に立《た》った。店名《てんめい》は〈うまいマイ・ケーキ〉。

「けつ、ダサい名前《なまえ》！」

このグルー様《さま》がカップケーキの店《みせ》をやるなんて！　怪盗《かいとう》グルーとしてならした俺《おれ》が！

しかし、モール内《ない》の様子《ようす》を探《さぐ》るためだ。しかたない。グルーは顔《かお》をしかめて店《みせ》に入《はい》った。

げっ。ピンクでまとめられたかわいらしい内装《ないそう》を見《み》て、ぞっとした。体《からだ》がこそばゆくなりそうだ。けれど任務《にんむ》のためだ。耐《た》えるしかないだろう。

「ほらよ、インターネットで見《み》つけたカップケーキのレシピだ」

グルーがプリントアウトした紙《かみ》を渡《わた》すと、ミニオンたちは奥《おく》のキッチンに消《き》えていった。

スチュアートはスカートの代《か》わりに植物《しょくぶつ》の鉢《はち》を着《き》ている。

ピンクの大《おお》きなショーケースのほかに、ひとつずつカップケーキが入《はい》っているガラスのドーム状《じょう》のケースもある。

グルーはひとつずつ、ドームの中《なか》のケーキをのぞいた。ウサギのカップケーキ、サメのカップケーキ、そして……ルーシー？　ドームの中《なか》にルーシーが顔《かお》を突《つ》っこんでいたのだ。

グルーと目《め》が合《あ》うと、ルーシーは舌《した》を出《だ》した。

「うわあ！」

ぎょっとしてグルーは叫《さけ》んだ。ルーシーがドームから顔《かお》を出《だ》して、ぱっと立《た》ちあがった。

その拍子《ひょうし》に頭《あたま》の上《うえ》の棚《たな》にぶつかり、そこに並《なら》んでいたカップケーキが、いっせいに宙《ちゅう》に舞《ま》った。

アチョー！　ハ！　ホ！

ルーシーはかけ声《ごえ》とともに、頭上《ずじょう》から降《ふ》ってくるカップケーキをつぎつぎに手《て》や足《あし》で払《はら》いのけていった。そのたびに、グルーの顔《かお》にクリームが飛《と》び散《ち》る。

「カップケーキの奇襲攻撃《きしゅうこうげき》、撃退《げきたい》したわ」

得意《とくい》げに振《ふ》り返《かえ》ったルーシーは、グルーの顔《かお》がクリームにまみれていることに気《き》づいた。

あわてて手《て》で拭《ふ》こうとしたが、かえってクリームを広《ひろ》げてしまった。

「もういい！」

グルーは癇癪《かんしゃく》を起《お》こし、マフラーで顔《かお》をぬぐった。

「ごめんなさいね」

ルーシーは相変《あいか》わらずのマイペースぶりで、自慢《じまん》げに続《つづ》けた。

「さっきの技《わざ》は、わたしが編《あ》みだした新《あたら》しい技《わざ》なの。柔術《じゅうじゅつ》と護身術《ごしんじゅつ》とアステカ族《ぞく》の兵法《ひょうほう》とクランプダンスを組《く》み合《あ》わせて……」

たまりかねた様子《ようす》で、グルーは声《こえ》を荒《あら》らげた。

「もういい！　なんで、あんたがここにいるんだ？」

「ラムズボトムからの命令《めいれい》よ。わたしがあなたの相棒《あいぼう》ってわけ、イエイ！」

ルーシーは陽気《ようき》に声《こえ》を張《は》りあげた。

「なんだと？　何《なに》がイエイ、だ！　そんな話《はなし》は聞《き》いてないぞ」

「あなたの多彩《たさい》な過去《かこ》を知《し》って、ほかのみんなは相棒《あいぼう》になるのを断《ことわ》ったの。だから、わたしが名乗《なの》りでたってわけ。新人《しんじん》だから、命令《めいれい》には従《したが》わないとね」

こんな変《へん》てこな女《おんな》が相棒《あいぼう》？　やれやれ、グルーはため息《いき》をついた。

そこにデイブが、ミニオンの形《かたち》をしたカップケーキを持《も》って店《みせ》の奥《おく》からあらわれた。

ルーシーはさっとカップケーキを蹴《け》りあげ、ケーキがカウンターに落《お》ちると手刀《しゅとう》で粉々《こなごな》にした。そしてあっけにとられているデイブをカウンターに押《お》さえつけた。

「この子《こ》、知《し》ってる？」

「ああ、俺《おれ》のミニオンの一体《いったい》だ」

「んまあ、ごめんなさい！　敵《てき》かと思《おも》った。はい、下《さ》がってよし！」

カウンターから下《お》ろされて、デイブは店《みせ》の奥《おく》に戻《もど》ろうとした。ルーシーがデイブに微笑《ほほえ》みかけた。その瞬間《しゅんかん》、デイブは恋《こい》に落《お》ちた。

たちまち頭《あたま》の中《なか》に妄想《もうそう》が広《ひろ》がる――ルーシーと手《て》をつないで海岸《かいがん》を走《はし》っている場面《ばめん》、木《こ》陰《かげ》で乾杯《かんぱい》している場面《ばめん》、ふたりで花火《はなび》を打《う》ちあげてキスをしている場面《ばめん》――。

「デイブ、もしもーし？」

グルーの声《こえ》で、デイブははっと我《われ》に返《かえ》った。

「もう行《い》っていいぞ」

デイブはルーシーを見《み》つめたまま、名残《なご》りおしそうに店《みせ》の奥《おく》のキッチンに戻《もど》った。

7

〈うまいマイ・ケーキ〉店《てん》の屋根《やね》には、巨大《きょだい》なカップケーキの模型《もけい》が飾《かざ》られている――実《じつ》はそこに監視《かんし》カメラが仕込《しこ》んであるのだ。

グルーとルーシーは、天井《てんじょう》から吊《つ》るされた電灯《でんとう》の大《おお》きな笠《かさ》の中《なか》に入《はい》っていた。笠《かさ》の内部《ないぶ》はスクリーンになっていて、監視《かんし》カメラの映像《えいぞう》が見《み》られるようになっている。

今《いま》、スクリーンには、モール内《ない》の店主《てんしゅ》がひとりずつ映《うつ》しだされていた。その中《なか》に『PX《ピーエックス》―41』を盗《ぬす》んだ犯人《はんにん》がいるはずだ。

ルーシーが説明《せつめい》をする。

「まずは容疑者《ようぎしゃ》その一《いち》、ヘッダ・ブルーメントフト。生花店《せいかてん》の経営者《けいえいしゃ》よ」

グルーは花《はな》を抱《かか》えている女《おんな》の人《ひと》の映像《えいぞう》を見《み》つめた。

「彼女《かのじょ》はちがうな」

「そう？　じゃあ、次《つぎ》」

今度《こんど》はスクリーンに、気《き》の弱《よわ》そうな男《おとこ》の人《ひと》があらわれた。

「容疑者《ようぎしゃ》その二《に》、チャック・キニー。ぬいぐるみ店《てん》の経営者《けいえいしゃ》よ」

「こいつもちがうな」

グルーはつぶやいた。どちらも、だいそれた犯罪《はんざい》をやってのけるような悪党《あくとう》には見《み》えなかった。

「そう？」

ルーシーが次《つぎ》の映像《えいぞう》に移《うつ》ろうとしたとき、店《みせ》のドアベルがチリンと鳴《な》った。お客《きゃく》だ！　ふたりはあわてて電灯《でんとう》の笠《かさ》から出《で》た。笠《かさ》はするすると天井《てんじょう》に戻《もど》っていく。

「アロー！　ブエノス・ディアス・アミーゴス！」

陽気《ようき》なスペイン語《ご》の挨拶《あいさつ》とともに、口《くち》ひげを生《は》やした男《おとこ》が店《みせ》に入《はい》ってきた。でっぷり太《ふと》った体《からだ》に真《ま》っ赤《か》なシャツを着《き》て、大《おお》きなペンダントを首《くび》からぶら下《さ》げている。

男《おとこ》はショーケースに太《ふと》い腕《うで》をかけ、なれなれしくグルーに話《はな》しかけた。

「私《わたし》はエドアルド・ペレス。向《む》かいのメキシコ料理《りょうり》のレストラン、〈サルサ&サルサ〉のオーナーだ。今日《きょう》も朝《あさ》から営業中《えいぎょうちゅう》！　あんたは？」

「俺《おれ》はグルー。そっちの彼女《かのじょ》はルーシーだ。すまんが、まだ準備中《じゅんびちゅう》でね。出《で》てってくれないか」

「まあまあ、すぐすむから」

エドアルドは突《つ》きでた腹《はら》を揺《ゆ》すって、話《はなし》を続《つづ》けた。

「実《じつ》は『シンコ・デ・マヨ』を祝《いわ》う盛大《せいだい》なパーティーを予定《よてい》しててね」

『シンコ・デ・マヨ』とは、スペイン語《ご》で『五月五日《ごがついつか》』を指《さ》し、メキシコでは祝日《しゅくじつ》にあたる。エドアルドはグルーの顔《かお》を見《み》て、にんまり笑《わら》った。

「で、お宅《たく》の店《みせ》で最高《さいこう》のカップケーキを二百個《にひゃっこ》注文《ちゅうもん》したいんだ。デコレーションはメキシコの国旗《こっき》にしてくれ。こんな感《かん》じで」

と言《い》い、シャツの前《まえ》をぱっと開《ひら》いた。もじゃもじゃの胸毛《むなげ》の上《うえ》に、緑《みどり》・白《しろ》・赤《あか》のメキシコ国旗《こっき》のタトゥーが彫《ほ》られていた。エドアルドは得意《とくい》げに腹《はら》を揺《ゆ》すった。

げっ。グルーは目《め》をそむけ、ルーシーは息《いき》を呑《の》んだ。

「まあ、そういうことだ。よろしくな！」

エドアルドはシャツのボタンをかけ、裾《すそ》をズボンにたくしこんだ。

「来週《らいしゅう》、受《う》け取《と》りにくるから。じゃあ、いい日《ひ》を。よかったら私《わたし》の店《みせ》にも来《き》てくれ」

エドアルドがドアをあけて出《で》ていくと、グルーはほっとした。が、それもつかの間《ま》だった。

「おっと、言《い》い忘《わす》れてた」

と、エドアルドがドアからぬっと顔《かお》を突《つ》きだした。

「歓迎《かんげい》するよ。モールにようこそ！」

にんまりと笑《わら》うその顔《かお》を見《み》て、グルーははっとした。あのだんご鼻《ばな》、小《ちい》さな黒《くろ》い目《め》、濃《こ》い口《くち》ひげ……。ただの暑苦《あつくる》しいオヤジだと思《おも》っていたが、もしやあいつは？

エドアルドがもう一度《いちど》出《で》ていき、ドアが閉《し》まると、グルーはつぶやいた。

「エル・マッチョ……」

「え？」

ルーシーが首《くび》を傾《かし》げた。

グルーはひとりごとのように、つぶやき続《つづ》けた。

「しかし、ありえない……」

グルーは、遠《とお》ざかっていくエドアルドの背中《せなか》を店《みせ》のガラス越《ご》しに見《み》ていた。あいつは確《たし》かにエル・マッチョにそっくりだ。だが、そんなことがあるだろうか？　エル・マッチョは死《し》んだはずなのに。

「どういうこと？」

ルーシーが尋《たず》ねた。

「今《いま》の男《おとこ》、怪盗《かいとう》エル・マッチョという悪党《あくとう》にそっくりなんだ。二十年前《にじゅうねんまえ》くらいの話《はなし》だが……」

エル・マッチョにまつわる伝説《でんせつ》はいくつもあるが、そのなかでも有名《ゆうめい》なのは、現金輸送《げんきんゆそう》車《しゃ》を盗《ぬす》んだときの話《はなし》だ。グルーはそのエピソードを、ルーシーに聞《き》かせた。

ある日《ひ》、プロレスラーのような赤《あか》いマスクとタイツ姿《すがた》の男《おとこ》が、肩《かた》から赤《あか》いマントをなびかせて酒場《さかば》に入《はい》ってきた。エル・マッチョだ！　カウンターの中《なか》のバーテンダーは震《ふる》えあがった。

エル・マッチョはバーテンダーの頭《あたま》をつかんで壁《かべ》に投《な》げつけた。そして並《なら》んでいる酒《さけ》のボトルを勝手《かって》に取《と》ってグラスにそそぐと、ボトルを頭《あたま》でかち割《わ》った。次《つぎ》にヘビをつかんで首《くび》を絞《し》め、毒《どく》をグラスの中《なか》に吐《は》かせた。

酒《さけ》とヘビの毒《どく》のカクテルを一気《いっき》に飲《の》み干《ほ》すと、エル・マッチョはグラスをガリガリと齧《かじ》った。そして絞《し》め殺《ころ》したヘビの口《くち》に酒代《さかだい》の札《さつ》をくわえさせてカウンターに叩《たた》きつけ、店《みせ》の壁《かべ》を破《やぶ》って表《おもて》に出《で》ていった。

そこに現金輸送車《げんきんゆそうしゃ》が通《とお》りかかった。

エル・マッチョが一発《いっぱつ》パンチを食《く》らわせただけで、輸送車《ゆそうしゃ》のフロント部分《ぶぶん》はペシャンコになってしまった。

エル・マッチョはさらに窓《まど》の防弾《ぼうだん》ガラスを素手《すで》で突《つ》きやぶり、運転手《うんてんしゅ》を殴《なぐ》った。運転手《うんてんしゅ》が窓《まど》の外《そと》にすっ飛《と》んでいくと、エル・マッチョは現金輸送車《げんきんゆそうしゃ》を軽々《かるがる》と肩《かた》にかつぎ、そのまま去《さ》っていった。

そのエピソードを話《はな》し終《お》えると、グルーは言葉《ことば》を続《つづ》けた。

「しかし残念《ざんねん》なことに、大悪党《だいあくとう》はみんなそうだが、エル・マッチョも早死《はやじ》にだった。やつは最高《さいこう》に男《おとこ》らしい方法《ほうほう》で死《し》んだんだ」

と言《い》い、今度《こんど》はエル・マッチョの死《し》にまつわる話《はなし》をした。

夕焼《ゆうや》けに包《つつ》まれた空《そら》を一機《いっき》の飛行機《ひこうき》が飛《と》んでいく。機体後部《きたいこうぶ》の格納庫《かくのうこ》のドアがあき、大《おお》きなサメがあらわれた。サメの体《からだ》は鎖《くさり》でぐるぐる巻《ま》きにされている。

エル・マッチョは鎖《くさり》の先端《せんたん》を両手《りょうて》で握《にぎ》り、サメの背《せ》にまたがった。百《ひゃっ》キロものダイナマイトを巻《ま》きつけた体《からだ》で。

飛行機《ひこうき》が煙《けむり》を噴《ふ》きあげている火山《かざん》に近《ちか》づくと、エル・マッチョはサメにまたがったまま、飛行機《ひこうき》から飛《と》びおりた。まっすぐ火山《かざん》に向《む》かって……。

「あいつはそのまま火山《かざん》の火口《かこう》に突《つ》っこんでいったんだ。華々《はなばな》しく」

グルーが話《はな》し終《お》えると、ルーシーが尋《たず》ねた。

「つまり、エル・マッチョはもう死《し》んだのね？」

「だが、やつの遺体《いたい》は見《み》つからなかった。黒《くろ》こげになった胸毛《むなげ》だけが回収《かいしゅう》されたそうだ」

グルーは、エドアルドの顔《かお》を頭《あたま》に描《えが》いた。

「だがエドアルドのあの顔《かお》！　エル・マッチョにまちがいない！」

元悪党《もとあくとう》の勘《かん》でピンときたのだ。エル・マッチョは生《い》きていた。そしてレストランの主人《しゅじん》になりすまして、悪事《あくじ》を企《たくら》んでいるにちがいない。

ルーシーが興奮《こうふん》した声《こえ》で提案《ていあん》した。

「だったら、今夜《こんや》、彼《かれ》のレストランに忍《しの》びこんでみない？」

グルーはガラス越《ご》しに外《そと》に目《め》をやり、昇《のぼ》りのエスカレーターに乗《の》っているエドアルドを見《み》つめた。

「そうだな。このモールでもし『PX―41《ピーエックス》』を持《も》ってるやつがいるとしたら、あいつしかいないだろう！」

8

「よし、宿題《しゅくだい》はすんだ。パジャマも着《き》た。歯《は》も磨《みが》いた。あとは寝《ね》るだけだな！」

グルーは子《こ》ども部屋《べや》で、三姉妹《さんしまい》を寝《ね》かしつけようとした。

今夜《こんや》はエドアルドのレストランにルーシーと忍《しの》びこむ予定《よてい》だ。

あいつがエル・マッチョで、『PX《ピーエックス》―41』を盗《ぬす》んだ証拠《しょうこ》を、なんとしても見《み》つけてやるぞ！

グルーは燃《も》えていた。こんなわくわくする思《おも》いは久《ひさ》しぶりだ。ゼリーの開発《かいはつ》では決《けっ》して得《え》られない興奮《こうふん》だ。

だから、子《こ》どもたちには早《はや》く寝《ね》てもらいたかった。そんな気持《きも》ちを察《さっ》したのか、マーゴが尋《たず》ねた。

「なんで、そんなに急《せ》かすの？」

「いや……仕事《しごと》がたくさんあってな」

グルーは言葉《ことば》をにごした。

「どんな仕事《しごと》？」

イディスが尋《たず》ねると、

「とても大事《だいじ》な仕事《しごと》だよ」

グルーは三人《さんにん》を一気《いっき》に抱《だ》きあげてキスをし、つぎつぎにベッドに落《お》とした。

「じゃあな、おやすみ。トコジラミに食《く》われるなよ」

けれどアグネスがベッドから抜《ぬ》けだして、子《こ》ども部屋《べや》の戸口《とぐち》に立《た》っていた。

「言《い》ったじゃない。『母《はは》の日《ひ》』のお芝居《しばい》の練習《れんしゅう》を一緒《いっしょ》にしてくれるって」

上目《うわめ》づかいで悲《かな》しげに言《い》われると、グルーも抵抗《ていこう》できない。

「よし、わかった。付《つ》き合《あ》ってやるよ――ただし、手早《てばや》くな」

ふたりは居間《いま》で向《む》かい合《あ》った。グルーはサイの形《かたち》をした椅子《いす》に座《すわ》り、アグネスのセリフを聞《き》いた。

『怪我《けが》したとこにキスしてくれたり、髪《かみ》を編《あ》んでくれたり。あたしのママは世界一《せかいいち》。愛《あい》してるわ、ママ。子《こ》どもはみんなママが大好《だいす》き！』

まるでロボットが読《よ》んでいるかのような、見事《みごと》な棒読《ぼうよ》みだった。が、グルーは無理《むり》に笑《え》みを浮《う》かべた。

「ワオ！　なかなかの出来《でき》だったぞ。最後《さいご》ににこっと笑《わら》うところが、なんともいえずよかった。もう一度《いちど》やってみろ。でも、今度《こんど》はもうちょっと……人間《にんげん》らしく。わかったな？」

アグネスはもう一度《いちど》セリフを言《い》った。相変《あいか》わらず一本調子《いっぽんちょうし》だったが、グルーはかまわなかった。

「すばらしい！　さあ、寝《ね》ようか！」

グルーが戸口《とぐち》に向《む》かうと、うしろからアグネスがぽつりと言《い》った。

「あたしこの役《やく》、できない」

グルーは足《あし》を止《と》め、振《ふ》り向《む》いた。

「どういう意味《いみ》だ？　なんで？」

アグネスは床《ゆか》に目《め》を落《お》とした。

「だって、あたしママいないもん」

それを聞《き》いて、グルーは胸《むね》が痛《いた》くなった。

「ママがいなくても母《はは》の日《ひ》のお芝居《しばい》はできるぞ。軍隊《ぐんたい》にいたことなくても、『軍人《ぐんじん》の日《ひ》』の劇《げき》に出《で》たじゃないか」

アグネスは顔《かお》を上《あ》げ、グルーを見《み》た。

「それとはちがうもの」

グルーはアグネスに身《み》をかがめた。

「わかった。だったら、想像力《そうぞうりょく》を働《はたら》かせてみればいい」

「それって、ママがいるふりをするってこと？」

「そういうこと。だったらできるだろ？」

アグネスがにっこり微笑《ほほえ》んだ。

「うん！　しょっちゅうママがいたらって想像《そうぞう》してるもの。ありがとう、グルーさん！」

アグネスはグルーにキスして、子《こ》ども部屋《べや》に走《はし》っていった。そのうしろ姿《すがた》を見《み》つめ、グルーはため息《いき》をついた。

アグネスには母親《ははおや》が必要《ひつよう》なのだろうか？　いくら俺《おれ》でも、母親《ははおや》の代《か》わりは務《つと》まらないものな。

地下室《ちかしつ》では、ミニオンたちが楽《たの》しそうに騒《さわ》いでいた。グルーが反悪党同盟《はんあくとうどうめい》で仕事《しごと》をするようになってゼリー開発《かいはつ》を中断《ちゅうだん》したため、暇《ひま》をもてあましているのだ。アイスクリームを食《た》べながら歌《うた》ったり、踊《おど》ったり、ゲームをしたり、みんなの陽気《ようき》な声《こえ》が地下室《ちかしつ》に響《ひび》いている。

ドアをあけてその様子《ようす》を見《み》たグルーは、あきれた。

「こら、いい加減《かげん》にしろ。何《なに》を騒《さわ》いでるんだ！」

グルーに叱《しか》られて、騒々《そうぞう》しかった部屋《へや》が一瞬《いっしゅん》にして静《しず》かになった。グルーはアイスクリームを食《た》べているミニオンたちに声《こえ》をかけた。

「ケビン、ジェリー、子《こ》どもたちのベビー・シッターを頼《たの》む。デイブとスチュアートは俺《おれ》についてこい」

スチュアートはさっとグルーのあとを追《お》ったが、デイブはチェリーと生《なま》クリームをほおばり、傘《かさ》の飾《かざ》りをくわえてから、部屋《へや》を後《あと》にした。

「早《はや》くしろ！」

グルーが怒鳴《どな》った。

デイブとスチュアートを連《つ》れてグルーがエレベーターに乗《の》ると、残《のこ》ったミニオンたちはまたドンチャン騒《さわ》ぎを始《はじ》め、再《ふたた》び陽気《ようき》な歌声《うたごえ》が響《ひび》きわたった。


ケビンとジェリーは、子守《こも》り歌《うた》を歌《うた》いながら子《こ》どもたちがぐっすり寝《ね》ていることを確《たし》かめると、そっと子《こ》ども部屋《べや》から出《で》た。ケビンがオーバーオールのポケットからゴルフボールを取《と》りだした。これで遊《あそ》ばないかという合図《あいず》だ。ジェリーも目《め》を輝《かがや》かせた。

ジェリーが床《ゆか》に転《ころ》がり、ゴルフボールを置《お》いたティーを口《くち》にくわえた。たんすに乗《の》ったケビンがクラブを振《ふ》りあげ、ミニオン語《ご》でかけ声《ごえ》をかけた。

「ウナ、ドウー」

と、そのとき、家《いえ》の外《そと》から物音《ものおと》が！　なんだろう？　ケビンとジェリーは裏口《うらぐち》のドアをあけた。

「ハイヤ!」

武器《ぶき》の代《か》わりにゴルフ・クラブを構《かま》えたケビンが気合《きあい》を入《い》れた。ジェリーはケビンの背《せ》中《なか》にしがみついて、ぶるぶる震《ふる》えている。

おそるおそる進《すす》んでいくと、大型《おおがた》のゴミ箱《ばこ》がガタガタ揺《ゆ》れだし、ひとりでに蓋《ふた》があいた。

「キャア!」

ジェリーは両手《りょうて》で顔《かお》を覆《おお》った。すると、ニャアという鳴《な》き声《ごえ》とともに、ネコがゴミ容器《ようき》の中《なか》から飛《と》びだした。なんだ、猫《ねこ》だったのか。

「プッ!」

ケビンが吹《ふ》きだし、弱虫《よわむし》のジェリーを指《ゆび》さして笑《わら》った。むっとしたジェリーはケビンをひっぱたき、たちまちミニオン語《ご》でケンカが始《はじ》まった。

「パチャパチャ!」

ピシャピシャ叩《たた》き合《あ》っていると、いつの間《ま》にか空《そら》から光《ひかり》が差《さ》してきて二体《にたい》を包《つつ》んだ。と、いきなりジェリーの体《からだ》が吸《す》いあげられていく。

「ウワー！」

ジェリーは手足《てあし》をバタバタさせて抵抗《ていこう》したが、無理《むり》だった。あっという間《ま》に空《そら》の彼方《かなた》に消《き》えてしまった。

ケビンがあっけにとられていると、今度《こんど》は彼《かれ》の体《からだ》も浮《う》きあがった。ケビンはあわてて地《じ》面《めん》の草《くさ》につかまったが、草《くさ》ごと体《からだ》が引《ひ》きあげられていく。近《ちか》くにいた猫《ねこ》も巻《ま》きこんで抵抗《ていこう》したが、それも虚《むな》しく空《そら》に吸《す》いこまれていった。

「ウワー！」

9

その頃《ころ》、グルーとルーシーはパラダイス・モールの駐車場《ちゅうしゃじょう》に到着《とうちゃく》していた。閉店時間《へいてんじかん》を過《す》ぎているため、モール内《ない》は真《ま》っ暗《くら》だ。ふたりはこっそりとエドアルドの店《みせ》に入《はい》る計画《けいかく》を

立《た》て、モールに向《む》かった。

ミニオンのスチュアートとデイブが駐車場《ちゅうしゃじょう》に残《のこ》り、ルーシーの車《くるま》の番《ばん》をすることになった。


モール内《ない》では警備員《けいびいん》が懐中電灯《かいちゅうでんとう》で一軒《いっけん》ずつ店《みせ》を照《て》らし、見《み》まわっている。床下《ゆかした》に隠《かく》れていたグルーとルーシーは、警備員《けいびいん》がいなくなるのを待《ま》ってから床板《ゆかいた》を持《も》ちあげ、表《おもて》に出《で》た。

「忍者《にんじゃ》のように忍《しの》びこむぞ。音《おと》をたてるなよ」

「了解《りょうかい》！」

ふたりは足音《あしおと》を忍《しの》ばせ、エドアルドの店《みせ》に近《ちか》づいた。猛々《たけだけ》しい雄牛《おうし》の首《くび》が飾《かざ》られた真《ま》っ赤《か》なドアに〈サルサ&《イ》サルサ〉と店名《てんめい》が記《しる》されている。

エイヤ！　大《おお》きなかけ声《ごえ》とともにルーシーがドアを蹴《け》ると、勢《いきお》いよくドアがあいた。グルーがまっすぐキッチンに向《む》かおうとすると、

「待《ま》って」

ルーシーがささやいた。小《ちい》さなスプレー缶《かん》を取《と》りだし、ふたりの行《ゆ》く手《て》に何《なに》かを振《ふ》りま

いた。

「レーザービームが張《は》りめぐらされていないか、チェックしないと」

「レストランにレーザービーム？」

グルーが首《くび》を傾《かし》げると、ルーシーは真面目《まじめ》な口調《くちょう》で言《い》った。

「どんな罠《わな》がしかけてあるか、わからないわよ」

「罠《わな》なんか、あるもんか！」

グルーは無視《むし》して前《まえ》に踏《ふ》みだした。その途端《とたん》、床《ゆか》に低《ひく》く張《は》ってあったロープに足《あし》が引《ひ》っかかり、鈴《すず》がチリンと鳴《な》った。

「ほら、罠《わな》よ」

ルーシーが勝《か》ち誇《ほこ》った顔《かお》で鈴《すず》を指《ゆび》さした。と、キッチンのドアが、ギギーときしみながらあいたため、ふたりはぎょっとして息《いき》を呑《の》んだ。ルーシーは、すかさずグルーのうしろにさっと身《み》を隠《かく》した。

が……コケッコー！　ドアからあらわれたのは、ニワトリだった。

「まあ、ニワトリ。かわいそう、迷子《まいご》になったのかしら？」

「ふん、たいした番犬《ばんけん》だ！」

グルーは鼻《はな》で笑《わら》った。するとニワトリが、いきなりグルーの頭《あたま》に飛《と》びかかった。

「うわっ！　離《はな》れろ！　離《はな》れろって言《い》ってんだ！」

グルーはニワトリを必死《ひっし》に引《ひ》きはがそうとした。やっと床《ゆか》に落《お》としたと思《おも》ったら、ニワトリはすかさずグルーのセーターの下《した》にもぐって暴《あば》れた。

グルーはたまらず、近《ちか》くのテーブルにひっくり返《かえ》った。するとセーターを破《やぶ》ってニワトリが出《で》てきた。グルーが両手《りょうて》で体《からだ》をつかむと、ニワトリはその鋭《するど》いくちばしでグルーの顔《かお》をつつく。くっそう、なんて憎《にく》らしいニワトリなんだ！

再《ふたた》び、グルーとニワトリの格闘《かくとう》が始《はじ》まった。

ルーシーが近《ちか》くのテーブルからクロスをひっつかみ、それでニワトリをくるもうと、グルーの頭《あたま》にクロスをかぶせた。前《まえ》が見《み》えなくなったグルーは、テーブルや椅子《いす》にぶつかりながら、やみくもに走《はし》りまわった。

なんとかしなくちゃ！　ルーシーはテーブルに飛《と》びのった。そこからグルーの背中《せなか》に向《む》かってジャンプ！　肩《かた》に乗《の》ってグルーの首《くび》を両脚《りょうあし》ではさむと、うしろに体《からだ》を一回転《いっかいてん》させた。

柔道《じゅうどう》の技《わざ》のように、グルーはうしろに投《な》げ飛《と》ばされた。

　グルーが仰向《あおむ》けに床《ゆか》に伸《の》びた。その体《からだ》からルーシーがクロスをはずすと、グルーの顔《かお》にニワトリがへばりついている。よーし、空手《からて》チョップよ！　ルーシーの手刀《しゅとう》が豪快《ごうかい》に空《くう》を切《き》る。ニワトリがあわてて逃《に》げだす。ビシッ！　空手《からて》チョップはもろにグルーに命中《めいちゅう》してしまった。ぐえっ！　グルーはうめいた。

　コケッコー！

　このままじゃすまさないわよ！　逃《に》げていくニワトリに向《む》かい、ルーシーは腕時計《うでどけい》のボタンを押《お》した。ピューーッ！　青《あお》い液体《えきたい》が飛《と》びだし、ニワトリを包《つつ》んだ。液体《えきたい》はたちまち、ボーリングのボールのように丸《まる》く固《かた》まった。青《あお》いボールからニワトリの頭《あたま》と尾《お》だけが突《つ》きでている。

「なんなの、このニワトリ。変《へん》じゃない？　ト、トリなのに、イ、イカれてる。……行《い》きましょう」

　ふたりは、そろそろとキッチンに進《すす》んだ。ルーシーは罠《わな》がしかけられていないことを確《たし》かめると、X線《エックスせん》ゴーグルを取《と》りだし、グルーにわたした。空港《くうこう》の手荷物検査《てにもつけんさ》のように、中《なか》のものが透《す》けて見《み》える装置《そうち》だ。

グルーはそれを目《め》に当《あ》て、キッチンを見《み》まわした。

「どう？　何《なに》か見《み》える？」

ルーシーに訊《き》かれ、思《おも》わずそちらに目《め》をやった。と、ルーシーの骨《ほね》と内臓《ないぞう》が透《す》けて見《み》える！　げっ！　びっくりしてゴーグルをはずした。

「ああ、嫌《いや》なもんを見《み》ちまった。悪《わる》い夢《ゆめ》を見《み》そうだ」

気《き》を取《と》りなおしてもう一度《いちど》ゴーグルをかけ、周囲《しゅうい》を見《み》わたした。壁《かべ》に掛《か》かっている絵《え》の裏《うら》に、金庫《きんこ》が透《す》けて見《み》える。

「あれだ！」

グルーはさっそく壁《かべ》に近《ちか》づいた。絵《え》をはずすと、隠《かく》し金庫《きんこ》が壁《かべ》に埋《う》めこまれているではないか。

グルーは金庫《きんこ》の前《まえ》でうれしそうに両手《りょうて》をこすり合《あ》わせた。

「思《おも》ったとおり、この中《なか》に『PX―41《ピーエックス41》』があるんだ！」

「いただいてきましょう！」

ルーシーも声《こえ》を弾《はず》ませる。

錠前破《じょうまえやぶ》りなら、お手《て》のものだ。グルーはポケットから円盤《えんばん》のような装置《そうち》を取《と》りだし、金《きん》庫《こ》のダイヤルの上《うえ》にペタンと貼《は》りつけた。装置《そうち》がたちまち金庫《きんこ》の暗証番号《あんしょうばんごう》を読《よ》み取《と》り、ドアがあいた。

「やったぜ！」

グルーは大喜《おおよろこ》びで、金庫《きんこ》の中《なか》にしまわれていたガラス瓶《びん》を取《と》りだした。が、瓶《びん》のラベルを見《み》た瞬間《しゅんかん》、眉《まゆ》をひそめた。

「『秘伝《ひでん》のサルサ・ソース』？　なんだ、こりゃ！」

「嘘《うそ》でしょ？」

ふたりは、がっくり肩《かた》を落《お》とした。

その頃《ころ》、店《みせ》の入《い》り口《ぐち》にエドアルドがあらわれた。鍵《かぎ》をあけようとして、はっとした。ドアがあいている！　店《みせ》を出《で》るときに、確《たし》かに鍵《かぎ》をかけたはずなのに。

エドアルドは顔《かお》をしかめ、さっとドアをあけた。何《なに》かがおかしい……。

「誰《だれ》かは知《し》らないが、生《い》かしては帰《かえ》さねぇぞ」

店内《てんない》を進《すす》むにつれ、エドアルドの表情《ひょうじょう》はますます険《けわ》しくなっていく。椅子《いす》やテーブルがひっくり返《かえ》され、そして……。

「おお、コッコちゃん！」

青《あお》いボールに閉《と》じこめられたニワトリを見《み》て、エドアルドは駆《か》けよった。

「かわいそうに！　かわいいお前《まえ》に、誰《だれ》がこんな真似《まね》を？」

エドアルドの目《め》が怒《いか》りに燃《も》えた。いったいどこのどいつだ？　ただじゃおかないぞ！

そのとき、キッチンからかすかに物音《ものおと》がするのに気《き》づいた。誰《だれ》かが忍《しの》びこんでいるにちがいない！　キッチンに向《む》け、エドアルドは叫《さけ》んだ。

「誰《だれ》だ、出《で》てこい！」

エドアルドの声《こえ》に、グルーとルーシーはその場《ば》に凍《こお》りついた。本当《ほんとう》にサルサ・ソースなのかどうかチップスにつけて味見《あじみ》をしているうちに、あまりにおいしくて、ついつい侵入《しんにゅう》したことも忘《わす》れていたのだ。

「そっちが出《で》てこないなら、こっちから行《い》くぞ！」

まずい！　エドアルドだ！　グルーは光線銃《こうせんじゅう》を発射《はっしゃ》して、天井《てんじょう》をくり抜《ぬ》いた。


エドアルドは片手《かたて》にニワトリ、片手《かたて》にナイフをつかんで、勢《いきお》いよくキッチンに飛《と》びこんだ。

金庫《きんこ》のドアがあけはなたれ、中《なか》にサルサ・ソースの瓶《びん》と、食《た》べかけのチップスの袋《ふくろ》が入《はい》っているではないか。コッコちゃんをひどい目《め》にあわせたばかりか、秘伝《ひでん》のサルサ・ソースを盗《ぬす》み食《ぐ》いしたとは！

エドアルドの怒《いか》りがさらにふくれあがった。どこだ？　きょろきょろするうちに、天井《てんじょう》から物音《ものおと》がした。

上《うえ》に目《め》をやると、天井《てんじょう》に穴《あな》があいていて、誰《だれ》かの足《あし》が見《み》える。

天井《てんじょう》から逃《に》げる気《き》だな！

エドアルドが駆《か》け寄《よ》ろうとすると、天井《てんじょう》の穴《あな》からピューッと何《なに》か青《あお》いものが発射《はっしゃ》された。

それが目《め》に当《あ》たり、エドアルドの目《め》はネバネバしたものにふさがれてしまった。

「うう……目《め》が」

天井《てんじょう》から上《うえ》のフロアに逃《に》げたグルーとルーシーは、モールのエスカレーターを駆《か》けおりた。

「グルー、ミニバナナを呼《よ》んで！」

グルーは携帯電話《けいたいでんわ》を取《と》りだし、駐車場《ちゅうしゃじょう》で待《ま》っていたデイブとスチュアートにかけた。

「見《み》つかっちまった！　すぐに来《き》てくれ」

デイブはグルーから連絡《れんらく》を受《う》けると、ボンネットでくつろいでいるスチュアートに声《こえ》をかけた。

「ミュアミュア！」

それを聞《き》いて、スチュアートの目《め》がぱっと輝《かがや》いた。

数秒後《すうびょうご》、ルーシーの青《あお》い車《くるま》がガラスのドアをぶち破《やぶ》り、モールの中《なか》を疾走《しっそう》していた。運《うん》転《てん》しているのはデイブだ。背《せ》が低《ひく》いので、シートに立《た》ってハンドルを握《にぎ》っている。床《ゆか》のペダルを操作《そうさ》しているのは、スチュアートだ。運転席《うんてんせき》の前《まえ》にもぐりこみ、思《おも》い切《き》りアクセルを両手《りょうて》で押《お》しているため、ものすごいスピードが出《で》ている。

やがて前方《ぜんぽう》に清掃《せいそう》ワゴンが見《み》えてきた。

「ウルルルー！」

ぶ、ぶつかるー！　デイブはミニオン語《ご》で叫《さけ》んだ。清掃員《せいそういん》があわてて飛《と》びのいた。車《くるま》は清掃《せいそう》ワゴンに衝突《しょうとつ》。そのままモールの中央広場《ちゅうおうひろば》の噴水《ふんすい》の周囲《しゅうい》を、ぐるぐる回《まわ》った。

「見事《みごと》な運転《うんてん》ね」

ルーシーが皮肉《ひにく》を言《い》った。ふたりはエスカレーターを駆《か》けおり、車《くるま》に向《む》かった。

「おーい、こっちだ。こっち！」

グルーが叫《さけ》んだ。が、車《くるま》はふたりを通《とお》り越《こ》し、エスカレーターを駆《か》けあがっていく。ガタガタ車体《しゃたい》を揺《ゆ》らしながら。

ええい！　グルーはバルコニーに向《む》けてロープ銃《じゅう》を撃《う》った。ロープの先《さき》の鉄《てつ》の錨《いかり》がバルコニーの手《て》すりに引《ひ》っかかった。グルーはルーシーを抱《だ》きよせた。ロープがするすると縮《ちぢ》み、ふたりを引《ひ》きあげていく。

バルコニーに着《つ》くと、ふたりは手《て》すりの向《む》こう側《がわ》に降《お》りたった。が、デイブの運転《うんてん》する車《くるま》は相変《あいか》わらず止《と》まることなく、ふたりを通《とお》り越《こ》して疾走《しっそう》していく。グルーはいまいましげに、うなった。

そのとき目《め》の前《まえ》のドアがあき、エドアルドが勢《いきお》いよくあらわれた。両手《りょうて》に何本《なんぼん》もナイフを持《も》っている。や、やばい！　グルーとルーシーは、すかさず近《ちか》くの物陰《ものかげ》に隠《かく》れた。

「どこだ？　覚悟《かくご》しろよ！」

エドアルドが目《め》をぎらつかせてナイフを振《ふ》りまわしていると、うしろから車《くるま》が猛《もう》スピードでやってきて、エドアルドの尻《しり》に衝突《しょうとつ》！　うわっ！　エドアルドはふっ飛《と》ばされた。ぶつかったおかげで、やっと車《くるま》は止《と》まった。まったくもう、わたしの車《くるま》を乱暴《らんぼう》に扱《あつか》ってくれたわね！　ルーシーはぷりぷり怒《おこ》りながら運転席《うんてんせき》のドアをあけた。

「ワオワオ」

デイブが運転席《うんてんせき》に立《た》ってハンドルに片手《かたて》をかけ、ミニオン語《ご》で挨拶《あいさつ》した。車《くるま》の床《ゆか》ではスチュアートがにやりと笑《わら》い、ブオン！　とアクセルを手《て》で押《お》してエンジンを吹《ふ》かした。

ルーシーとグルーは、急《いそ》いで中《なか》に乗《の》りこんだ。ルーシーがハンドルを握《にぎ》り、車《くるま》は猛《もう》スピードで発進《はっしん》した。モールのガラスの外壁《がいへき》をつき破《やぶ》り、まっすぐ落下《らっか》していく。

うわあ！　グルーは悲鳴《ひめい》をあげた。

が、地面《じめん》に墜落《ついらく》する寸前《すんぜん》、車体《しゃたい》の両脇《りょうわき》から飛行機《ひこうき》のような翼《つばさ》が突《つ》きでて、車《くるま》はふわっと浮《う》きあがった。轟音《ごうおん》とともに車《くるま》は上昇《じょうしょう》し、そのまま空《そら》を飛《と》んでいった。

10

翌日《よくじつ》。住宅街《じゅうたくがい》の道路《どうろ》で近所《きんじょ》の子《こ》どもたちが遊《あそ》んでいると、どこからか音楽《おんがく》が流《なが》れてきた。

子《こ》どもたちは、音《おと》のするほうを見《み》た。

ピンクのかわいらしい車《くるま》が近《ちか》づいてくる。屋根《やね》には、巨大《きょだい》なソフトクリームの模型《もけい》が載《の》っている。

「アイスクリーム屋《や》さんだ！」

子《こ》どもたちは目《め》を輝《かがや》かせ、車《くるま》に向《む》かっていった。

音楽《おんがく》はグルーの家《いえ》にも聞《き》こえた。なんだろう？　一体《いったい》のミニオンが玄関《げんかん》のドアをあけ、きょろきょろした。やがてアイスクリーム屋《や》の車《くるま》に気《き》づいた。

「キャラドゥ！」

その声《こえ》を聞《き》いたミニオンたちが、いっせいに玄関《げんかん》から飛《と》びだしてきた。そして勢《いきお》いよく走《はし》りだすと、子《こ》どもたちを追《お》い越《こ》し、車《くるま》に群《むら》がった。

先頭《せんとう》にいるミニオンがみんなを制《せい》したあと、代表《だいひょう》して車《くるま》のドアを叩《たた》く。

すると……屋根《やね》の上《うえ》のソフトクリームがぐいーんと伸《の》びて曲《ま》がり、ミニオンたちに向《む》けて傾《かたむ》いた。模型《もけい》の下《した》に、伸縮《しんしゅく》するチューブがついているのだ。

なんだ？　ミニオンたちはあっけにとられ、模型《もけい》を見《み》あげた。と、ソフトクリームの先《せん》端《たん》がぱっくり開《ひら》いた。

次《つぎ》の瞬間《しゅんかん》、先頭《せんとう》にいたミニオンの姿《すがた》がソフトクリームの模型《もけい》の中《なか》に消《き》えた。吸《す》いこまれてしまったのだ。ミニオンたちはあわてて逃《に》げようとしたが、掃除機《そうじき》に吸《す》われるように、つぎつぎとみんな模型《もけい》に呑《の》みこまれてしまった。

車《くるま》の陰《かげ》に隠《かく》れた一体《いったい》もみつかった。あわてて逃《に》げたが、目《め》の前《まえ》にアイスが……。思《おも》わず舐《な》めると……ワナだった！　舌《した》がひっつき、そのまま模型《もけい》に呑《の》みこまれてしまった。

その場《ば》にいたミニオンを一体残《いったいのこ》らず吸《す》いこむと、模型《もけい》はまた元《もと》の位置《いち》に戻《もど》り、車《くるま》は何事《なにごと》もなかったかのように走《はし》りだした。

こうして、大勢《おおぜい》のミニオンたちが連《つ》れ去《さ》られてしまった。

近所《きんじょ》の子《こ》どもたちは、何《なに》がなんだかわからず、ぽかんとした顔《かお》で車《くるま》を見送《みおく》った。


パラダイス・モールのエスカレーターを上《のぼ》ったフロアの左右《さゆう》に、緑《みどり》のゴミ箱《ばこ》がひとつずつ置《お》かれている。その中《なか》にグルーとルーシーがそれぞれ入《はい》り、蓋《ふた》の隙間《すきま》から監視《かんし》ゴーグルでモール内《ない》を観察《かんさつ》していた。

「ほら、あれが容疑者《ようぎしゃ》その八《はち》のフロイド・イーグルサンよ」

ゴミ箱《ばこ》の一方《いっぽう》から、ルーシーが無線《むせん》でグルーに告《つ》げた。〈イーグル・ヘア・クラブ〉という店《みせ》の前《まえ》に背《せ》の低《ひく》い男《おとこ》が立《た》っていた。金色《きんいろ》の長《なが》い鼻《はな》ひげを生《は》やし、丈《たけ》の長《なが》い中国服《ちゅうごくふく》を着《き》ている。

イーグルサンは店《みせ》の前《まえ》を通《とお》る禿《は》げ頭《あたま》の男《おとこ》に声《こえ》をかけたが、無視《むし》されている。

「近《ちか》づいてみて」

ルーシーに言《い》われ、グルーはゴミ箱《ばこ》の下《した》から脚《あし》を突《つ》きだし、つつっと歩《ある》いた。

ん？　気配《けはい》を察《さっ》してイーグルサンが振《ふ》り返《かえ》った。まずい。グルーはぴたりと止《と》まった。

そこに、コーヒーの容器《ようき》を手《て》にした男《おとこ》が、グルーの入《はい》っているゴミ箱《ばこ》に近《ちか》づいてきた。容器《ようき》を捨《す》てるつもりらしい。

グルーの監視《かんし》ゴーグルに『危険《きけん》』のサインが瞬《また》いた。どうやら熱《あつ》いコーヒーが入《はい》ったままらしい。

男《おとこ》が容器《ようき》を持《も》った手《て》を伸《の》ばした。冗談《じょうだん》じゃない。グルーはあわてて逃《に》げだした。容器《ようき》を持《も》ったまま男《おとこ》も追《お》いかけてくる。途中《とちゅう》、女《おんな》の人《ひと》にぶつかり、体《からだ》が一回転《いっかいてん》した。そしてうしろ向《む》きのまま、下《くだ》りのエスカレーターに落《お》ちてしまった。

ガンガンガン！　ゴミ箱《ばこ》は何回転《なんかいてん》もしながら、エスカレーターを落《お》ちていく。床《ゆか》に着地《ちゃくち》した瞬間《しゅんかん》、グルーの体《からだ》はゴミ箱《ばこ》から飛《と》びだした。

うつぶせになったまま床《ゆか》に伸《の》びていると、

「グルーさん」

と、聞《き》きなれた声《こえ》がした。顔《かお》を上《あ》げると、マーゴ、イディス、アグネスの三姉妹《さんしまい》がいる。

ちっ、みっともないところを見《み》せちまったな。よりによって、なんでこんな場面《ばめん》に。グルーはあわてて立《た》ちあがった。

「みんな、何《なに》しに来《き》たんだ？」

「グルーさんがどんな仕事《しごと》してるのか、見《み》ようと思《おも》って。でも、ゴミ箱《ばこ》に入《はい》って世界《せかい》を救《すく》っているの？」

長女《ちょうじょ》らしくマーゴが尋《たず》ねた。

「いや、その……ワハハ！」

グルーは高笑《たかわら》いをしてごまかした。そこにルーシーが近《ちか》づいてきた。

「まあ、ここにいたのね。捜《さが》したのよ。この子《こ》たちは？」

「俺《おれ》の娘《むすめ》たちだ。マーゴ、イディス、アグネス。みんな、この人《ひと》はルーシーだ」

「こんにちは」

「ハーイ」

マーゴとイディスはそれぞれ挨拶《あいさつ》をした。が、アグネスはぽかんとした顔《かお》でルーシーを見《み》あげている。この人《ひと》も世界《せかい》を救《すく》うために戦《たたか》ってるの？　カッコいい！　じっと見《み》つめているアグネスを、ルーシーが優《やさ》しい目《め》で見《み》つめ返《かえ》す。こんな人《ひと》がママになってくれたらいいなあ……。

「ねえ、結婚《けっこん》してる？」

思《おも》いがけないアグネスの質問《しつもん》に、ルーシーはびっくりした。

「え？　いきなり？」

げっ！　グルーはぎょっとした。アグネスはあどけないだけに、何《なに》を言《い》いだすかわからない。早《はや》いとこ、ここから追《お》っ払《ぱら》わなくては！　グルーは、わざとらしく両手《りょうて》を叩《たた》いた。

「そうだ！　ルーシーと俺《おれ》は仕事《しごと》がたくさんあるから、モールを探検《たんけん》してきたらどうだ？」

三人《さんにん》の背中《せなか》を押《お》して、ルーシーから遠《とお》ざけた。

「ほれ、小遣《こづか》いをやるから、なんでも好《す》きなものを買《か》いなさい。カチューシャとか……」

「ねえ、ルーシーと結婚《けっこん》するの？」

アグネスがうしろを向《む》いてグルーを見《み》あげた。目《め》をキラキラさせている。アグネスがこんな目《め》をしたときは、要注意《ようちゅうい》だ。グルーは急《いそ》いで否定《ひてい》した。

「バカなこと言《い》うな。ルーシーと俺《おれ》は仲間《なかま》、それだけだ」

「仲間《なかま》？　好《す》きなんでしょ？」

「だから、ちがうって。ただの仕事《しごと》の仲間《なかま》だよ」

グルーがいくら言《い》っても、アグネスは聞《き》く耳《みみ》を持《も》たない。自分《じぶん》の夢《ゆめ》の世界《せかい》にひたりきっている。そして節《ふし》をつけてうたいだした。

「グルーはあの人《ひと》が好《す》き〜。だーい好《す》き〜。ふたりは結婚《けっこん》するの〜。あたしも結婚式《けっこんしき》に出《で》るの〜」

「おい、よせ！」

グルーが怒鳴《どな》った。

「インチキな歌《うた》をうたうんじゃない。好《す》きなもんか！　さあ、とっとと買《か》い物《もの》に行《い》け！」

三人《さんにん》はくすくす笑《わら》いながら行《い》きかけたが、すぐに戻《もど》ってきてグルーに抱《だ》きついた。

「忘《わす》れてた！　お仕事《しごと》、頑張《がんば》ってね」

マーゴが言《い》うと、アグネスも、

「じゃあね」

と手《て》を振《ふ》った。

その様子《ようす》を見《み》ていたルーシーは、思《おも》わず微笑《ほほえ》んだ。

なんて、かわいい子《こ》たちなんでしょう。グルーにすっかりなついているみたい。見《み》かけは怖《こわ》いけど、きっといいお父《とう》さんなのね。

11

子《こ》どもたちが行《い》ってしまうと、グルーはため息《いき》をついた。ふうっ。まったく油断《ゆだん》ならないな。ルーシーと俺《おれ》が結婚《けっこん》？　冗談《じょうだん》じゃない。

「まったく子《こ》どもって……。あの子《こ》たちは本当《ほんとう》の親《おや》を知《し》らないんだ」

ルーシーのところに戻《もど》ると、弁解《べんかい》がましく笑《わら》った。ルーシーは寛大《かんだい》な笑《え》みを浮《う》かべた。

「ほんとにあなたのことが大好《だいす》きなのね。きっといいお父《とう》さんなんでしょうね」

いいお父《とう》さん？　俺《おれ》が？　グルーは首《くび》を傾《かし》げた。

「そうとも、いいお父《とう》さんさ」

ルーシーのあとについて歩《ある》きながら、ひとりごとのようにつぶやいた。

モール内《ない》の噴水《ふんすい》の縁《ふち》に腰《こし》かけ、アグネスはぎゅっと目《め》をつぶってうしろ向《む》きにコインを投《な》げた。ルーシーがグルーさんのお嫁《よめ》さんになって、あたしのママになってくれますように！

すると、水中《すいちゅう》ゴーグルをかけたイディスが噴水《ふんすい》の中《なか》から出《で》てきた。手《て》にたくさんコインを持《も》っている。

「それ、盗《ぬす》んだの？」

アグネスがとがめるように訊《き》いた。

「まさか。コインがたくさん欲《ほ》しいなっていう願《ねが》いが叶《かな》っただけ」

一方《いっぽう》マーゴは、せっせと携帯《けいたい》のメールを打《う》っていた。すると、噴水《ふんすい》の向《む》こう側《がわ》を歩《ある》いている少年《しょうねん》が目《め》に入《はい》った。

黒《くろ》い革《かわ》ジャンに黒《くろ》いジーンズ。前髪《まえがみ》が目《め》にかかっていて、ちょっと不良《ふりょう》っぽい雰囲気《ふんいき》だ。

マーゴは胸《むね》がキュンとなった。思《おも》わず目《め》で追《お》いかけるうちに、足《あし》をすべらせ、うしろ向《む》きに噴水《ふんすい》に落《お》ちそうになった。

「きゃあ！」

そのとき、誰《だれ》かがさっと腕《うで》を伸《の》ばしてマーゴを救《すく》ってくれた。さっきの少年《しょうねん》だ！

「イカすメガネだね」

マーゴはドギマギした。これまで同年代《どうねんだい》の男《おとこ》の子《こ》に誉《ほ》められたことなどなかったからだ。

「俺《おれ》、アントニオ」

少年《しょうねん》が自己紹介《じこしょうかい》した。マーゴもあわてて名乗《なの》った。

「わたしはマーゴ」

「クッキーを買《か》いに行《い》くとこなんだ。一緒《いっしょ》に行《い》かない？」

アントニオにさり気《げ》なく誘《さそ》われ、マーゴは胸《むね》が破裂《はれつ》しそうになった。が、努《つと》めて自然《しぜん》に聞《き》こえるように答《こた》えた。こんなこと、慣《な》れているとでもいうように。

「い、いいわよ……わたし、マーゴ……」

その姿《すがた》を、噴水《ふんすい》の縁《ふち》でアグネスとイディスが見《み》ていた。イディスがわざとらしく咳払《せきばら》いをすると、マーゴが振《ふ》り返《かえ》った。

いけない、妹《いもうと》たちのこと忘《わす》れてた！

「あとで合流《ごうりゅう》するから」

申《もう》し訳《わけ》なさそうに言《い》い、小《ちい》さく手《て》を振《ふ》った。マーゴが妹《いもうと》たちより自分《じぶん》のことを優先《ゆうせん》するなんて、初《はじ》めてのことだ。それくらいアントニオに心《こころ》を奪《うば》われていたのだ。

「言《い》ってもいい？　オエッ」

イディスが顔《かお》をしかめると、アグネスがうしろから姉《あね》の肩《かた》を揺《ゆ》さぶった。

「グルーさんに言《い》わなくっちゃ！」

その頃《ころ》グルーは、容疑者《ようぎしゃ》その八《はち》、フロイド・イーグルサンの店《みせ》に近《ちか》づいていた。ベルトのバックルに『ＰＸ《ピーエックス》―41』に反応《はんのう》するセンサーを取《と》りつけてある。

「潜入《せんにゅう》するぞ」

カップケーキの店《みせ》で待機《たいき》しているルーシーに、無線《むせん》で告《つ》げた。

「センサーが『ＰＸ《ピーエックス》―41』を感知《かんち》すると、音《おと》が出《で》るから。ミーモーミーモーって」

「わかった」

グルーは店《みせ》のガラス戸《ど》の前《まえ》に立《た》ち、中《なか》の様子《ようす》を探《さぐ》った。

〈イーグル・ヘア・クラブ〉？　なんの店《みせ》だ？　理髪店《りはつてん》じゃなさそうだし。

突然《とつぜん》ドアがあき、グルーはあわてた。店《みせ》の中央《ちゅうおう》で大《おお》きなワシの形《かたち》の椅子《いす》に座《すわ》っていたフロイドが、ゆっくりと振《ふ》り向《む》いた。手《て》に何《なに》かふさふさしたものを持《も》っていて、愛《いと》おしそうに撫《な》でている。

「そろそろ、あらわれる頃《ころ》だと思《おも》ってたよ、ミスター・グルー」

「俺《おれ》の名前《なまえ》を知《し》ってるのか？」

フロイドが笑《わら》った。

「私《わたし》の助《たす》けが必要《ひつよう》そうな人間《にんげん》がモールに来《く》るたび、素性《すじょう》を調《しら》べるようにしているんだ。あんたの頭《あたま》はツルツルだ。気《き》の毒《どく》に」

フサフサのものにキスをすると、フロイドはそれをマネキンにかぶせた。手《て》にしていたのはカツラだったのだ。よく見《み》ると、店内《てんない》のあちこちに、男《おとこ》ものや女《おんな》もののカツラが飾《かざ》られている。

「さあ、これで完璧《かんぺき》だ」

フロイドは満足《まんぞく》そうにマネキンを見《み》つめた。

カップケーキの店《みせ》では、センサーが反応《はんのう》するか、ルーシーがモニターでチェックしていた。

「今《いま》のところ反応《はんのう》なしよ」

イヤホン越《ご》しにルーシーの声《こえ》が聞《き》こえてくる。

「もうちょっと移動《いどう》して」

グルーはぎこちなく、壁《かべ》の絵《え》まで動《うご》いた。フロイドが空《そら》を飛《と》んでいる絵《え》だ。

「ワオ、面白《おもしろ》い絵《え》だ。テーマは？」

そう言《い》いながら、腹《はら》をぐっと突《つ》きだす。センサーが反応《はんのう》するかどうか、ベルトのバックルを近《ちか》づけるためだ。不自然《ふしぜん》なグルーの動《うご》きを、フロイドは胡散臭《うさんくさ》そうに眺《なが》めている。

「そこはハズレよ！」

イヤホンからルーシーの声《こえ》がした。

「あんた、絵《え》が好《す》きなのかい？」

フロイドがグルーをじろじろ見《み》て、尋《たず》ねた。

「いや、それほどでも」

グルーは腹《はら》を前《まえ》に突《つ》きだしたまま、今度《こんど》は金《きん》の置物《おきもの》が飾《かざ》られている台《だい》に近《ちか》づいた。

「それもハズレ」

ルーシーが告《つ》げた。

グルーは次《つぎ》に、カツラがたくさん並《なら》んだ棚《たな》に近《ちか》づいた。たちまち、ミーモー、ミーモー、とセンサーが反応《はんのう》した。

「壁《かべ》のうしろよ」

ルーシーの興奮《こうふん》した声《こえ》が、イヤホン越《ご》しに響《ひび》いてくる。グルーは壁《かべ》のうしろに何《なに》があるか確《たし》かめようと、カツラを脇《わき》にどけた。そのうちのひとつを、フロイドが手《て》に取《と》った。

「これは試供品《しきょうひん》のカツラなんだが、あんたにぴったりだ。どうぞ」

「いや、結構《けっこう》。ところで、壁《かべ》の向《む》こうに何《なに》があるのかな？」

先《さき》ほどからグルーの不審《ふしん》な行動《こうどう》に戸惑《とまど》っていたフロイドは、たまりかねた様子《ようす》で声《こえ》を荒《あら》らげた
「おい、こっちを見《み》なさい！」

グルーが顔《かお》を向《む》けると、フロイドは諭《さと》すように言《い》った。

「私《わたし》を信《しん》じなさい。カツラでがらりと変身《へんしん》できるんだ。ブ男《おとこ》から、モッテモテのイケメンに！」

こいつ、何《なに》を言《い》ってるんだ？　ブ男《おとこ》？　誰《だれ》のことだ？　カツラを見《み》つめてグルーが考《かんが》えていると、イディスとアグネスが息《いき》を切《き》らしながら店《みせ》に飛《と》びこんできた。

「マーゴにボーイフレンドができた！」

「しかも今《いま》、デート中《ちゅう》だよ！」

グルーはあんぐりと口《くち》をあけた。任務《にんむ》のことも、たちまち頭《あたま》からふっとんでしまった。

12

「デート？　ボーイフレンド？　どういうことだ？」

グルーはエスカレーターを最上段《さいじょうだん》まで駆《か》けあがり、一番上《いちばんうえ》のフロアのバルコニーからモールの中央《ちゅうおう》の広場《ひろば》を見《み》おろした。冗談《じょうだん》じゃない。デートなんて百年早《ひゃくねんはや》いってんだ！

「あそこだ！」

アグネスが広場《ひろば》の一点《いってん》を指《ゆび》さした。

マーゴとアントニオが〈サルサ&《イ》サルサ〉の前《まえ》にいる。エドアルドの店《みせ》だ。やがてアントニオがドアをあけ、ふたりは中《なか》に入《はい》った。

グルーたちも、さっそく店《みせ》に向《む》かった。

バタンと荒々《あらあら》しくドアをあけ、グルーは店《みせ》を見《み》わたした。天井《てんじょう》からぶら下《さ》がった電灯《でんとう》の笠《かさ》はメキシカンハットの形《かたち》をしており、壁《かべ》にはメキシコの風景写真《ふうけいしゃしん》が飾《かざ》られている。小《ちい》さなサボテンの鉢《はち》が置《お》かれたテーブルは客《きゃく》で埋《う》まり、あちこちから楽《たの》しそうな話《はな》し声《ごえ》が聞《き》こえる。

マーゴはどこだ？　いた！　一番奥《いちばんおく》のテーブルに、ふたりで並《なら》んで座《すわ》っている。

アントニオが何《なに》かジョークを言《い》ったらしく、マーゴはくすくす笑《わら》っている。それを見《み》て、イディスが言《い》った。

「キモ〜い。あのふたり、ラブラブなのね！」

その言葉《ことば》にグルーは胸《むね》がズキンとなった。

「ラブラブだと？　よしてくれ！」

グルーはふたりのテーブルに近《ちか》づいた。イディスとアグネスも、ぴたりとあとについている。

「でね、プロのゲーマーになることが、俺《おれ》の夢《ゆめ》なんだ」

アントニオが気取《きど》った声《こえ》で話《はな》した。

「わあ！　あなたっていろいろ考《かんが》えてるのね」

マーゴがうっとりした目《め》で彼《かれ》を見《み》あげる。

「マーゴ！」

グルーが声《こえ》をかけると、マーゴははっとした顔《かお》で、アントニオから体《からだ》を離《はな》した。

「ここで何《なに》をしてるんだ？　怒《おこ》らないから言《い》ってごらん」

グルーは作《つく》り笑《わら》いを浮《う》かべて、できるだけ穏《おだ》やかに訊《き》いた。マーゴはスペイン語《ご》でアントニオの紹介《しょうかい》をした。

「セ・ヤーマ・アントニオ（こちらはアントニオよ）」

「セもヤーマも関係《かんけい》ない。帰《かえ》るぞ！」

と、そのとき、店内《てんない》の照明《しょうめい》がすっと暗《くら》くなった。ドラムの音《おと》が響《ひび》き、店《みせ》のステージにスポットライトが当《あ》たった。ジャーン！　派手《はで》な音楽《おんがく》とともに、エドアルドが皿《さら》を片手《かたて》に華々《はなばな》しく登場《とうじょう》した。

エドアルドは皿《さら》を手《て》にしたまま、陽気《ようき》な音楽《おんがく》に合《あ》わせて踊《おど》りだした。クイッ、クイッ。

でっぷりした尻《しり》を左右《さゆう》に振《ふ》るたびに、ヒューヒュー！　客席《きゃくせき》から拍手《はくしゅ》や歓声《かんせい》がわきあがる。

げっ、気色悪《きしょくわる》い！　グルーは顔《かお》をしかめたが、アグネスは大喜《おおよろこ》びで手《て》を叩《たた》いている。

ステージの前《まえ》のテーブルに皿《さら》を置《お》くと、エドアルドは短《みじか》い脚《あし》でステップを踏《ふ》みながら、今度《こんど》は店《みせ》の前《まえ》を通《とお》りかかった女《おんな》を店《みせ》に引《ひ》き入《い》れ、店《みせ》の中央《ちゅうおう》で踊《おど》りだした。その体《からだ》つきからは想像《そうぞう》もつかないほどリズミカルな動《うご》きだ。

女《おんな》はくるくる回《まわ》されたり、ひっぱられたり、エドアルドのリードにまかせて踊《おど》っている。うんまあ、情熱的《じょうねつてき》！　テーブルでダンスに見《み》とれている女《おんな》の客《きゃく》の間《あいだ》から、ため息《いき》がもれた。

音楽《おんがく》がクライマックスにさしかかると、エドアルドはぐいっと相手《あいて》を引《ひ》き寄《よ》せ、店《みせ》のお得意様《とくいさま》カードで女《おんな》の頬《ほお》を撫《な》で、

「火曜日《かようび》はお子様無料《こさまむりょう》」

と、ささやき、女《おんな》を店《みせ》の外《そと》に放《ほう》り出《だ》した。

音楽《おんがく》が終《お》わると、エドアルドが両手《りょうて》を広《ひろ》げてグルーに近《ちか》づいてきた。

「また会《あ》えてうれしいよ、わが友《とも》よ！」

大《おお》げさにぎゅっと抱《だ》きつかれ、グルーは思《おも》わず体《からだ》をのけぞらせた。それを見《み》て、アントニオが尋《たず》ねた。

「おじさん。もうパパと知《し》り合《あ》いなんだね？」

「なんだと？　パパだと？」

グルーはエドアルドから体《からだ》を引《ひ》き離《はな》し、まじまじと目《め》の前《まえ》の男《おとこ》を見《み》つめた。

「世間《せけん》は狭《せま》いって言《い》うだろ？」

エドアルドがぎゅっとグルーの手《て》を握《にぎ》り、親《した》しげに肩《かた》を叩《たた》いた。

「さあ座《すわ》って。ごちそうさせてくれ」

と、そのとき、床《ゆか》から聞《き》きなれた鳴《な》き声《ごえ》が……コケッコー！　そのいまわしい声《こえ》は！

グルーはハッとして、声《こえ》の主《ぬし》を見《み》た。エドアルドの足《あし》もとに例《れい》のニワトリがいて、グルーをにらんでいる。何《なに》かを訴《うった》えたそうな目《め》だ。

「おお、コッコちゃん」

エドアルドがニワトリを抱《だ》きあげ、愛《いと》おしそうに撫《な》でた。ニワトリは相変《あいか》わらず鋭《するど》い目《め》で、グルーをにらんだままだ。こいつがしゃべれなくて、よかった。グルーはほっとした。

昨夜忍《ゆうべしの》びこんだことをバラされたら、大変《たいへん》だ。

「かわいいね～」

お愛想《あいそ》で撫《な》でようと、グルーはおそるおそる手《て》を伸《の》ばした。が、ニワトリに飛《と》びかかられ、あわててあとずさった。くそっ、憎《にく》たらしいニワトリめ！

「おお、すまん」

エドアルドがニワトリをさっとグルーから引《ひ》き離《はな》し、悲《かな》しそうに言《い》った。

「いつもは人懐《ひとなつ》っこい子《こ》なんだが、昨夜誰《ゆうべだれ》かに襲《おそ》われたらしくて」

まずい。このままいたら、ニワトリのせいで昨夜《ゆうべ》のことがバレちまいそうだ。グルーは、そそくさと子《こ》どもたちに声《こえ》をかけた。

「さてと、そろそろ帰《かえ》らないと。みんな、行《い》くぞ」

マーゴは名残《なごり》おしそうに、アントニオと見《み》つめ合《あ》っている。それに気《き》づいてエドアルドがグルーの前《まえ》に立《た》ちはだかった。

「若《わか》い恋人《こいびと》たちの邪魔《じゃま》をしちゃいけない。恋《こい》はすばらしい、だろ？」

「ダメだ！」

グルーはふたりを引《ひ》き離《はな》した。

「恋人《こいびと》なんかじゃない。まだ会《あ》ったばかりじゃないか！」

エドアルドが、いいことを思《おも》いついたとばかりに、手《て》を打《う》ってにんまり笑《わら》った。

「ツルピカさんの言《い》う通《とお》りだ！　親《した》しくなるには、もっとお互《たが》いをよく知《し》らないと。アントニオ、ガールフレンドとその家族《かぞく》を『シンコ・デ・マヨ』のパーティーに招待《しょうたい》したらどうだ？」

「いや、結構《けっこう》」

グルーは断《ことわ》ろうとしたが、アグネスとイディスは大喜《おおよろこ》びで飛《と》びあがった。

「うれしーい！」

トランペットの音色《ねいろ》とともに、陽気《ようき》な音楽《おんがく》が鳴《な》りだした。アントニオはグルーを無視《むし》してマーゴの手《て》を引《ひ》き、ダンスフロアに連《つ》れていった。ふたりは音楽《おんがく》に合《あ》わせて、元気《げんき》よく踊《おど》りだした。すっかり、ふたりきりの世界《せかい》にひたっている。そんな若《わか》いカップルを、店《みせ》の客《きゃく》たちも微笑《ほほえ》ましそうに見《み》つめている。

グルーはぎりぎり歯《は》ぎしりをした。

近《ちか》くにいたボーイが気《き》をきかせて、飲《の》み物《もの》のグラスをグルーに渡《わた》した。が、グルーは自《じ》分《ぶん》でも気《き》づかないうちに、グラスを握《にぎ》りつぶしていた。

何《なに》もかもが、気《き》に入《い》らない！　ニワトリも、自分《じぶん》を〝ツルピカさん〟と呼《よ》んだエドアルドも、アントニオとかいうキザな息子《むすこ》も。

あんな小僧《こぞう》に大事《だいじ》なマーゴを渡《わた》してたまるか！　絶対《ぜったい》にふたりを引《ひ》き離《はな》してやる！

13

その夜《よ》、反悪党同盟《はんあくとうどうめい》の本部《ほんぶ》では、グルーとルーシーがラムズボトムの向《む》かい側《がわ》に座《すわ》っていた。ラムズボトムが困惑《こんわく》した顔《かお》で言《い》った。

「エル・マッチョだと？　エドアルドは容疑者《ようぎしゃ》リストからはずしたんじゃなかったのか？　サルサ・ソースの一件《いっけん》のあとで？」

「ああ、だが新《あたら》しい展開《てんかい》があったんだ」

グルーは鼻息《はないき》も荒《あら》く説明《せつめい》した。

「あいつにまちがいない。すぐにひっ捕《と》らえてくれ。あと、あのひねくれてるのにモテる息子《むすこ》も。息子《むすこ》も絶対《ぜったい》に一枚噛《いちまいか》んでると俺《おれ》はにらんでる。息子《むすこ》も捕《つか》まえてくれ」

話《はな》しているうちに興奮《こうふん》して椅子《いす》から立《た》ちあがり、身振《みぶ》り手振《てぶ》りで派手《はで》に訴《うった》えた。そんなグルーを、ルーシーがぽかんとした顔《かお》で見《み》つめている。

グルーはラムズボトムの席《せき》に行《い》くと、ダメ押《お》しとばかりに訴《うった》えた。

「実《じつ》は、あの息子《むすこ》が黒幕《くろまく》じゃないかと思《おも》ってるんだ。あいつの顔《かお》。あのいかにも何《なに》か企《たくら》んでそうな目《め》つきが、おれは気《き》に食《く》わない！」

ラムズボトムが首《くび》を振《ふ》る。

「しかし証拠《しょうこ》がないと――」

「証拠《しょうこ》がなんぼのもんだ！」

グルーは息《いき》まいて席《せき》に戻《もど》った。

「勘《かん》だよ、勘《かん》！　俺《おれ》の勘《かん》が言《い》ってるんだ、エドアルドがエル・マッチョだと！　やつを捕《つか》まえろ。息子《むすこ》も一緒《いっしょ》に。あのガキを見《み》ると、俺《おれ》はぞっとするんだ」

ラムズボトムは深々《ふかぶか》とため息《いき》をつき、こめかみをさすった。

ボスの気持《きも》ちを察《さっ》して、ルーシーが立《た》ちあがった。グルーが戦力《せんりょく》になることをラムズボトムに教《おし》えなくては、と思《おも》ったのだ。

「報告《ほうこく》はまだあります」

と言《い》い、なだめるようにグルーの肩《かた》を叩《たた》いた。

「〈イーグル・ヘア・クラブ〉で『PX《ピーエックス》―41』の痕跡《こんせき》を見《み》つけたんです」

「ふむ、面白《おもしろ》いな」

ラムズボトムは顔《かお》を上《あ》げた。やっとまともな話《はなし》を聞《き》けてほっとした様子《ようす》だ。

「ええ、誰《だれ》が見《み》つけたと思《おも》います？　ここにいるグルーです！　さすがだと思《おも》いません？」

けれどルーシーの心遣《こころづか》いも、グルーには通《つう》じなかった。

「けど、あいつじゃない！　真犯人《しんはんにん》はエル・マッチョだ！」

駄々《だだ》っ子《こ》のようなグルーに、ラムズボトムはあきれた顔《かお》になった。

「グルーくん、頼《たの》むよ」

「いや、絶対《ぜったい》あいつだ！　証明《しょうめい》してみせる！」

グルーはテーブルをどすんと叩《たた》き、椅子《いす》を蹴《け》って部屋《へや》を出《で》ていった。

「グルー、待《ま》って」

ルーシーがあわてて、とりなすように言《い》った。

「彼《かれ》、本気《ほんき》で言《い》ってるんじゃないの。わかってください」

ラムズボトムは冷《つめ》たく見返《みかえ》しただけだった。

あーあ、まったくグルーったら。どうしちゃったのかしら？　ルーシーはため息《いき》をついた。


どこかの海岸《かいがん》に、一体《いったい》のミニオンが横《よこ》たわっている。アイスキャンディを口《くち》にくわえて。

ミニオンはゆっくり目《め》を覚《さ》ました。ここは、どこだ？　白《しろ》い砂浜《すなはま》、青《あお》く澄《す》んだ海《うみ》、ヤシの木《き》……。

周囲《しゅうい》を見《み》て、びっくりした。仲間《なかま》のミニオンたちが砂浜《すなはま》で戯《たわむ》れている。ウクレレを弾《ひ》いて歌《うた》っているもの、サーフィンをしているもの、ビーチボールをしているもの、日光浴《にっこうよく》をしているもの……。

みんなすっかりくつろいだ様子《ようす》で、思《おも》い思《おも》いに楽《たの》しんでいる。

ミニオンは自分《じぶん》が誘拐《ゆうかい》されたことも忘《わす》れて、仲間《なかま》たちのもとに駆《か》け寄《よ》った。オーバーオールを脱《ぬ》ぎ捨《す》て、裸《はだか》で海《うみ》に飛《と》びこむ。


だがミニオンたちは知《し》らなかったが、みんなの様子《ようす》は監視《かんし》カメラに撮《と》られていた。

そして、とある場所《ばしょ》では、円形《えんけい》のモニターに映《うつ》しだされているミニオンたちをじっと見《み》つめる怪《あや》しい人影《ひとかげ》が……。


グルーは自宅《じたく》のソファで膝《ひざ》にノートパソコンをのせ、エル・マッチョに関《かん》する記事《きじ》を調《しら》べていた。

くっそう、見《み》てろよ。絶対《ぜったい》に尻尾《しっぽ》をつかんでやる！

アントニオをマーゴから引《ひ》き離《はな》したいと思《おも》ううちに、グルーの頭《あたま》の中《なか》ではエドアルド＝《イコール》エル・マッチョという図式《ずしき》ができあがっていた。

なんとしても、エドアルドを息子《むすこ》ともども捕《つか》まえてやる！

いくつものサイトがヒットしたが、それを見《み》ている最中《さいちゅう》に、プッッとパソコンの画面《がめん》が暗《くら》くなった。Ｗｉ《ワイ》‐Ｆｉ《ファイ》が切《き》れたのだ。

「おい、ケビン。Ｗｉ《ワイ》‐Ｆｉ《ファイ》が使《つか》えなくなったぞ！　おーい、ケビン？」

けれどケビンの返事《へんじ》はない。誘拐《ゆうかい》されてしまったからだ。

そうとは知《し》らないグルーは腹《はら》を立《た》てた。まったく、ミニオンのやつらめ。役《やく》に立《た》たないったらない。


ピンポーン！　ドアのチャイムが鳴《な》り、陽気《ようき》な声《こえ》が響《ひび》いてきた。

「ハーイ、グルー。ジリアンよ！」

はあー。グルーはうんざりして、無視《むし》することにした。ジリアンは勝手《かって》にドアの外《そと》でしゃべっている。

「お友《とも》だちのシャノンを連《つ》れてきたの。彼女《かのじょ》とデートしたらいいと思《おも》って。ドアをあけて！　いいから早《はや》く！」

いい加減《かげん》にしてくれ！　グルーは心《こころ》の中《なか》でうめいた。

アグネスが玄関《げんかん》ホールで遊《あそ》んでいるのを見《み》て、グルーはそっと声《こえ》をかけた。

「アグネス。俺《おれ》はいないと言《い》ってくれ」

アグネスはうなずくと、ドアの向《む》こうのジリアンに声《こえ》を張《は》りあげた。

「グルーさんはいないよ！」

「ほんとに？」

「ほんとだよ。だってグルーさんがそう言《い》ってたもの！」

シーッ！　グルーはあわてて立《た》ちあがり、頭《あたま》をブンブン振《ふ》った。アグネスはきょとんとして、言《い》いなおした。

「ええと、グルーさんはそんなこと言《い》ってないって」

「まあ、ホホホ。アグネス、グルーはどこにいるの？」

ジリアンは引《ひ》きさがる気《き》はないようだ。グルーはアグネスに向《む》かい、口《くち》にチャックをする真似《まね》をした。

「グルーさんは口紅《くちべに》塗《ぬ》ってるよ」

ちがう、ちがう！　グルーはあわてて両手《りょうて》を振《ふ》った。

「グルーさんはハエを追《お》い払《はら》ってるよ！」

ちがうったら！　グルーはもどかしさのあまり、両手《りょうて》を拳《こぶし》に握《にぎ》って力《りき》んだ。

「あ……ウンチしてる！」

ジリアンがしびれを切《き》らして玄関前《げんかんまえ》で叫《さけ》んだ。

「グルー、いることはわかってるのよ！　逃《に》がさないからね！」

やれやれ。カイルが嬉《うれ》しそうに試供品《しきょうひん》のカツラをくわえているのを見《み》て、グルーはため息《いき》をついた。

14

グルーとシャノンは、レストランでデートしていた。シャノンは金髪《きんぱつ》のすらりとした美《び》

女《じょ》だが、化粧《けしょう》が濃《こ》く、服《ふく》も豹柄《ひょうがら》のドレスで、見《み》るからに派手好《はでず》きそうだった。

「実《じつ》を言《い》うとね」

椅子《いす》の背《せ》に片腕《かたうで》をかけ、気《け》だるそうにシャノンは言《い》った。

「今夜《こんや》のデートのこと、心配《しんぱい》してたの。だって見《み》かけ倒《だお》しのインチキ男《おとこ》が多《おお》いじゃない？」

インチキ男《おとこ》と聞《き》いて、グルーは引《ひ》きつった笑《え》みを浮《う》かべた。

実《じつ》はフロイドにもらった試供品《しきょうひん》のカツラをつけてきたのだ。だからいつものスキンヘッドとはちがい、グルーの頭《あたま》はふさふさの黒髪《くろかみ》だった。

本当《ほんとう》にフロイドの言《い》っていたように、カツラひとつで変《か》われるのだろうか？

今日《きょう》のデートはそのための実験《じっけん》だった。シャノンは好《この》みの女性《じょせい》とは言《い》いがたいが、女性《じょせい》恐怖症《きょうふしょう》を克服《こくふく》するチャンス、そう思《おも》ってグルーは意気込《いきご》んでいた。

「で、何《なに》かスポーツしてる？」

フォークに突《つ》き刺《さ》したミートボールを振《ふ》りまわしながら、シャノンが訊《き》く。

「え？　いや……」

グルーは相変《あいか》わらず引《ひ》きつった笑《え》みを浮《う》かべたままだ。

「してそうな体《からだ》には見《み》えないけど。でも、ちょっと考《かんが》えてみたら？　あたしはエクササイズに燃《も》えてるの。見《み》せてあげる、いい？」

シャノンは席《せき》を立《た》ち、レストランの床《ゆか》でいきなり腕立《うでた》て伏《ふ》せをやりだした。鼻息《はないき》も荒《あら》く。

「おいおい、ここはレストランだぞ」

周囲《しゅうい》の目《め》を気《き》にして、グルーはささやいた。けれどシャノンはますます真剣《しんけん》モードになり、今度《こんど》は片腕《かたうで》を背中《せなか》に回《まわ》し、片手《かたて》で腕立《うでた》て伏《ふ》せを始《はじ》めた。

「頼《たの》んでおいたテイクアウトできてます？」

ルーシーが店《みせ》に入《はい》ってきて、ウェイトレスに声《こえ》をかけた。

「はい、お待《ま》ちください」

何気《なにげ》なく店内《てんない》に目《め》をやったルーシーは、床《ゆか》でエクササイズをしている女《おんな》を見《み》てびっくりした。シャノンは今度《こんど》は腹筋運動《ふっきんうんどう》を始《はじ》めていた。周囲《しゅうい》の視線《しせん》も気《き》にせずに。

その横《よこ》のテーブルにいる男《おとこ》はきまり悪《わる》そうに、うつむいている。ルーシーはその連《つ》れの男《おとこ》に同情《どうじょう》した。が、はっと気《き》づいた。

ちょっと待《ま》って……あのふさふさした黒髪《くろかみ》の彼《かれ》は……グルー？　これも捜査《そうさ》のうち？　それとも、もしかしたらデート？

ルーシーはすばやく大《おお》きな水槽《すいそう》の陰《かげ》に隠《かく》れた。

グルーが何《なに》をしているのか、気《き》になるからだ。ルーシーはイヤホンを耳《みみ》に当《あ》て、腕時計《うでどけい》のボタンを押《お》すと、時計《とけい》はたちまち盗聴装置《とうちょうそうち》になった。ふたりの会話《かいわ》に耳《みみ》を澄《す》ました。

一通《ひととお》りエクササイズを終《お》えたシャノンは、涼《すず》しい顔《かお》でテーブルに戻《もど》った。

「あなたの話《はな》し方《かた》って、変《か》わってるのね」

「そりゃ、どうも。俺《おれ》は……」

話《はな》そうとするグルーをさえぎり、シャノンは続《つづ》けた。

「話《はな》し方教室《かたきょうしつ》をやってる人《ひと》を知《し》ってるわ。すぐに矯正《きょうせい》してもらえるわよ」

はあ……。すっかりシャノンのペースに乗《の》せられ、グルーは緊張《きんちょう》して汗《あせ》をかいてきた。

「いやあ、暑《あつ》いな」

と言《い》い、額《ひたい》の汗《あせ》をぬぐった。その拍子《ひょうし》にカツラがずれてしまった。シャノンがじっとグルーの頭部《とうぶ》を見《み》つめる。

「ちょっと待《ま》って。それって、カツラ？」

「ま、まさか」

グルーはあわててカツラの位置《いち》を戻《もど》した。が、シャノンは眉《まゆ》を吊《つ》りあげ、怖《こわ》い顔《かお》をしている。

「あたしにはわかってた。あんたは見《み》かけ倒《だお》しのインチキ野郎《やろう》だとね。そういうやつって、大嫌《だいきら》い！」

シャノンは唾《つば》を飛《と》ばさんばかりの勢《いきお》いで、まくしたてる。

「あたしがどうすると思《おも》う？　そのカツラをひっぺがして、店《みせ》じゅうのみんなに、あんたがインチキ野郎《やろう》だってことを見《み》せてやる！」

シャノンの手《て》が伸《の》びてくる。グルーはあせった。


なんとかしなくちゃ！

ふたりの会話《かいわ》を盗聴《とうちょう》していたルーシーは、さっそく行動《こうどう》に移《うつ》した。大切《たいせつ》な相棒《あいぼう》に恥《はじ》をかかすわけにはいかない。それに会話《かいわ》を聞《き》いているかぎり、シャノンに好感《こうかん》をもてなかったからだ。

ピッ！　再《ふたた》び腕時計《うでどけい》のボタンを押《お》すと、小《ちい》さな矢《や》が突《つ》きでてきた。

シャノンの手《て》がグルーのカツラにかかったまさにその瞬間《しゅんかん》、ピュッ！　空《くう》を切《き》り裂《さ》いて小《ちい》さな矢《や》が飛《と》んできて、シャノンの尻《しり》に刺《さ》さった。ルーシーのダート《吹き矢》銃《じゅう》から発射《はっしゃ》された矢《や》だ。

うっ。シャノンはテーブルに突《つ》っ伏《ぷ》した。

「もしもし、シャノン？　もしもーし」

わけがわからず、グルーはきょとんとした。シャノンの体《からだ》をつつくと、どうやら寝《ね》ているらしい。

どうしたんだ？　グルーは戸惑《とまど》った。そこに——。

「ハーイ、グルー」

ルーシーがあらわれた。

グルーはあわててカツラをはずし、素知《そし》らぬ顔《かお》をした。

「や、やあ、ルーシー。どうしたんだ？」

テーブルに突《つ》っ伏《ぷ》したままのシャノンを見《み》て、ルーシーは、

「まあ、デートのお相手《あいて》、ぐっすりおやすみのようね。まるでヘラジカ用《よう》の麻酔剤《ますいざい》でも打《う》たれたみたい」

と言《い》い、ウィンクした。グルーはウィンクの意味《いみ》がわからず、目《め》をぱちくりさせた。

じれったそうに、ルーシーはそっとささやいた。

「だから、わたしがダート銃《じゅう》で麻酔剤《ますいざい》を打《う》ったんだってば」

グルーはその意味《いみ》を了解《りょうかい》し、感謝《かんしゃ》してルーシーを見《み》あげた。

「ありがとう」

ルーシーがいなかったらカツラを強引《ごういん》に取《と》られて、大恥《おおはじ》をかくところだった。まさに相棒《あいぼう》！

「どうしました？　料理《りょうり》がお口《くち》に合《あ》いませんでしたか？」

ウェイターが心配《しんぱい》そうな顔《かお》であらわれた。

「いいえ、彼女《かのじょ》はただ飲《の》みすぎただけ」

ルーシーが酒《さけ》をあおる真似《まね》をすると、

「そうですか」

ウェイターはほっとした様子《ようす》で去《さ》っていった。

ルーシーはテーブルでぐーぐー寝《ね》ているシャノンを見《み》おろし、尋《たず》ねた。

「どうする？　彼女《かのじょ》を家《いえ》まで連《つ》れてく？」

15

ふたりはシャノンの両腕《りょううで》をそれぞれ自分《じぶん》の肩《かた》にかけ、店《みせ》を出《で》た。ルーシーの車《くるま》の運転席《うんてんせき》と助手席《じょしゅせき》の間《あいだ》にシャノンを乗《の》せたが、そうするとグルーの体《からだ》が助手席《じょしゅせき》からはみだして、ドアが閉《し》められない。

そこで、シャノンを車《くるま》の屋根《やね》にくくりつけていくことにした。

シャノンの家《いえ》に着《つ》くと、車《くるま》は急停止《きゅうていし》。シャノンは前方《ぜんぽう》に停《と》まっていた車《くるま》に衝突《しょうとつ》した。それでも起《お》きなかったが……。

グルーとルーシーは、玄関前《げんかんまえ》の階段《かいだん》に並《なら》んで腰《こし》をおろした。なんとなくこのまま帰《かえ》りたくない雰囲気《ふんいき》が、ふたりの間《あいだ》に漂《ただよ》っていた。

「うまくいったわね。でも、あなたにとっては最悪《さいあく》のデートだったんじゃない？」

ルーシーに言《い》われ、グルーはうめいた。

「ああ、そのとおりだ」

「心配《しんぱい》しないで。この次《つぎ》からはうまくいくわよ」

ルーシーに励《はげ》まされても、グルーの心《こころ》は晴《は》れなかった。カツラごときに頼《たよ》ろうとした自《じ》分《ぶん》が情《なさ》けなかったのだ。

「でも、もしうまくいかなかったら、いつでもダート銃《じゅう》を貸《か》すわ。わたしも何度《なんど》か使《つか》ったことがあるの」

ルーシーは寂《さび》しそうにうつむいた。

いつも陽気《ようき》で男勝《おとこまさ》りのルーシーのそんな表情《ひょうじょう》を、これまで見《み》たことはなかった。その横《よこ》顔《がお》を見《み》て、グルーは思《おも》った。彼女《かのじょ》にも苦《にが》い思《おも》い出《で》があるのだろうか？　なんだか、初《はじ》めてルーシーと心《こころ》が近《ちか》づいたような気《き》がした。

「運命《うんめい》の相手《あいて》があらわれるまで待《ま》つさ」

グルーはぽつりとつぶやいた。

ありのままの自分《じぶん》を受《う》け入《い》れてくれる相手《あいて》……。そんな人《ひと》が、はたしているのだろうか？　この俺《おれ》でいい、いや、この俺《おれ》がいいと言《い》ってくれる相手《あいて》が？

しばらくふたりとも無言《むごん》で、それぞれの思《おも》いにひたっていた。

思《おも》い出《で》を振《ふ》りはらうように、ルーシーがグルーの肩《かた》に手《て》を置《お》いて立《た》ちあがった。

「じゃあね。おやすみなさい、相棒《あいぼう》」

グルーもにっこり笑《わら》った。〝相棒《あいぼう》〟という言葉《ことば》に、これまでとはちがう重《おも》みが感《かん》じられる。今夜《こんや》は絶妙《ぜつみょう》のタイミングで、ルーシーにピンチを救《すく》ってもらった。まさに、それこそ相棒《あいぼう》というものではないだろうか？

今度《こんど》は彼女《かのじょ》のピンチを救《すく》ってお返《かえ》しししないとな。相棒《あいぼう》なんだから。

ふたりで並《なら》んで歩《ある》きながら、ルーシーがくすっと笑《わら》った。

「今夜《こんや》は愉快《ゆかい》だったわね」

「ああ、びっくりしたけど愉快《ゆかい》だった」

ルーシーがふと足《あし》を止《と》め、グルーに向《む》きなおった。

「そうだ。ここだけの話《はなし》だけど」

ルーシーは恥《は》ずかしそうに目《め》をそらし、

「あなたのツルツル頭《あたま》、ステキよ」

そうささやいて、グルーの頬《ほお》にキスをした。

「じゃ、また明日《あした》ね」

そのうしろ姿《すがた》をグルーはじっと見送《みおく》った。なんだか胸《むね》がほんわかする。


ジリリーン！　目覚《めざ》まし時計《どけい》がけたたましく鳴《な》った。グルーはベッドの中《なか》から手《て》を伸《の》ばして時計《とけい》を止《と》めると、ベッドの中《なか》でストレッチをした。

今日《きょう》は目覚《めざ》めがいいぞ！　朝《あさ》のシャワーも歯磨《はみが》きも鼻歌《はなうた》まじりだ。

上機嫌《じょうきげん》でポンポンと、三姉妹《さんしまい》の皿《さら》にフライパンからパンケーキを落《お》としていく。ハート形《がた》のパンケーキを見《み》て、みんなは目《め》を丸《まる》くした。マーゴが尋《たず》ねた。

「デートが成功《せいこう》したのね？」

「まさか。そりゃ、ひどいもんだった！」

グルーは豪快《ごうかい》に笑《わら》いとばした。

その楽《たの》しそうな様子《ようす》を見《み》て、三姉妹《さんしまい》は目《め》を見交《みか》わした。

デートがうまくいかなかったのに陽気《ようき》なのは、どういうわけ？　なんだかウキウキして見《み》えるけど？　三人《さんにん》は首《くび》を傾《かし》げた。

けれど楽《たの》しそうなグルーを見《み》るのは、気分《きぶん》がよかった。

マーゴもイディスもアグネスも、自然《しぜん》と顔《かお》がほころんできた。

グルーは足取《あしど》りも軽《かる》く、仕事《しごと》に出《で》かけた。郵便配達員《ゆうびんはいたついん》とハイタッチしたり、お巡《まわ》りさんと陽気《ようき》に挨拶《あいさつ》を交《か》わしたり、子《こ》ガモの横断《おうだん》を助《たす》けたり。今日《きょう》はなんだか、いつもと景色《けしき》がちがって見《み》える。空《そら》って、こんなに青《あお》かったっけ？

公園《こうえん》を通《とお》りかかったとき、目《め》の前《まえ》にフリスビーが飛《と》んできた。おっと！　グルーはフリスビーをつかむと、親切《しんせつ》に投《な》げ返《かえ》してやった。

芝生《しばふ》で太極拳《たいきょくけん》をやっているグループを見《み》つけると、飛《と》び入《い》りで参加《さんか》し、新鮮《しんせん》な空気《くうき》を胸《むね》いっぱいに吸《す》いこんだ。

公園《こうえん》を出《で》て通《とお》りを歩《ある》いていると、ストリート・ミュージシャンの陽気《ようき》な音楽《おんがく》が聞《き》こえてきた。思《おも》わず一緒《いっしょ》に演奏《えんそう》する。

そして、ハミングしながら、パラダイス・モールに入《はい》っていった。さあて、今日《きょう》も仕事《しごと》を頑張《がんば》るぞ！

なぜだかルーシーの顔《かお》を見《み》るのが楽《たの》しみだった。昨日《きのう》までそんな気持《きも》ちを感《かん》じたことはなかったのだが……。グルーは不思議《ふしぎ》だった。昨夜《ゆうべ》の出来事《できごと》のせいで、ふたりに相棒意識《あいぼういしき》が芽生《めば》えたからだろうか？

うん、きっとそうだ。グルーは納得《なっとく》した。俺《おれ》とルーシーは相棒《あいぼう》なんだ。だから力《ちから》を合《あ》わせて犯人《はんにん》を捕《つか》まえてみせるぞ！

グルーは試供品《しきょうひん》のカツラを返《かえ》そうと、フロイドの店《みせ》に向《む》かった。カツラなんて俺《おれ》には必《ひつ》要《よう》なかった、そう言《い》うつもりだった。

が、エレベーターを降《お》りた途端《とたん》、陽気《ようき》な気分《きぶん》はふっとんだ。

フロイドの店《みせ》、〈イーグル・ヘア・クラブ〉の前《まえ》に、黒《くろ》と黄色《きいろ》の封鎖《ふうさ》テープが張《は》りめぐらされ、制服姿《せいふくすがた》の捜査官《そうさかん》たちがうじゃうじゃいる。その中《なか》に、反悪党同盟《はんあくとうどうめい》のリーダー、サイラス・ラムズボトムの姿《すがた》も見《み》える。

いったいどういうことだ？　グルーはびっくりして目《め》を丸《まる》くした。

16

「ラムズボトムさん？　ここで何《なに》してるんだ？」

グルーが声《こえ》をかけると、ラムズボトムが胸《むね》を張《は》って答《こた》えた。

「やつを捕《つか》まえたんだ」

「捕《つか》まえたって、誰《だれ》を？」

「フロイド・イーグルサンだ！　我々《われわれ》の捜査官《そうさかん》が昨夜《さくや》、彼《かれ》の店《みせ》に隠《かく》し部屋《べや》があることを発見《はっけん》した。そして、その部屋《へや》でこれを見《み》つけたんだ」

ラムズボトムは指《ゆび》を鳴《な》らした。その合図《あいず》に、女《おんな》の捜査官《そうさかん》がビニールの証拠品袋《しょうこひんぶくろ》を持《も》って駆《か》けてきた。ラムズボトムは袋《ふくろ》を受《う》け取《と》ると、高々《たかだか》と掲《かか》げてグルーに見《み》せた。

証拠品袋《しょうこひんぶくろ》には、ガラスの容器《ようき》が入《はい》っていた。容器《ようき》はからっぽだが、紫色《むらさきいろ》の粉末《ふんまつ》が点々《てんてん》とついているのがわかる。

もしかして、これが例《れい》の薬《くすり》か？　グルーは袋《ふくろ》の中《なか》の容器《ようき》をまじまじと見《み》つめた。

「見《み》てのとおり容器《ようき》はからっぽだが、『ＰＸ―41《ピーエックス》』の成分《せいぶん》が検出《けんしゅつ》された。フロイドが犯人《はんにん》だ。まちがいない」

ラムズボトムは断言《だんげん》した。

「きみはまったくの役立《やくた》たずだったが、とにかく事件《じけん》はこれでカタがついた」

グルーがあっけに取《と》られていると、捜査官《そうさかん》らに連《つ》れられてフロイドが店《みせ》から出《で》てきた。

両腕《りょううで》を背中《せなか》に回《まわ》され、手錠《てじょう》をかけられている。

「これは罠《わな》だ！」

フロイドが叫《さけ》んだ。

「こんな真似《まね》して、後悔《こうかい》するぞ！　おい、手《て》を放《はな》せ！　私《わたし》はまっとうな商売《しょうばい》をしているのに」

その声《こえ》がしだいに遠《とお》ざかっていく。本当《ほんとう》にあいつが犯人《はんにん》なのか？　エル・マッチョではなく？　グルーはなんとなくすっきりしない気分《きぶん》だった。フロイドが研究所《けんきゅうじょ》をそっくり盗《ぬす》むほどの大悪党《だいあくとう》には、どうしても思《おも》えなかった。

確《たし》かにフロイドの店《みせ》でセンサーは反応《はんのう》した。けれど、もし本人《ほんにん》が言《い》うように罠《わな》だとしたら？

「……事件《じけん》が解決《かいけつ》してよかったな。で、俺《おれ》はどうなる？」

グルーはぽつりと尋《たず》ねた。

「きみはもう自由《じゆう》の身《み》だ。もとの仕事《しごと》に戻《もど》ればいい。ジャムとゼリー作《づく》りに」

ラムズボトムが、ふんぞり返《かえ》って答《こた》えた。

「ああ、そうだ。ワイルド捜査官《そうさかん》はオーストラリア支局《しきょく》に異動《いどう》になる」

「オーストラリア？」

グルーはびっくりして尋《たず》ねた。

「そうだ。いろいろ世話《せわ》になったな。もちろん、これはただの社交辞令《しゃこうじれい》だが。じゃあ、元気《げんき》でな、グルーくん」

去《さ》っていくラムズボトムの背中《せなか》を、グルーは複雑《ふくざつ》な思《おも》いで見《み》つめた。なんだか、胸《むね》にぽっかり穴《あな》があいた気分《きぶん》だった。なぜだ？　事件《じけん》の解決《かいけつ》に納得《なっとく》がいかないから？

不意《ふい》にうしろから肩《かた》を叩《たた》かれた。振《ふ》り向《む》くと、ルーシーがいた。にっこり笑《わら》っている。

「ハロー！　犯人逮捕《はんにんたいほ》ね」

「よかったな」

グルーは上《うわ》の空《そら》で答《こた》えた。

「ところで、オーストラリアに転勤《てんきん》になるんだって？」

「まだ正式《せいしき》に決《き》まったわけじゃないけどね」

ルーシーは肩《かた》をすくめた。

「でも、いろいろ勉強《べんきょう》してるとこよ。オーストラリアのアクセントとか、カンガルーやコアラのこととか、風習《ふうしゅう》とか……」

ルーシーは気《き》まずそうに口《くち》をつぐんだ。転勤《てんきん》があまりうれしそうな様子《ようす》ではない。下《した》を向《む》いて、もじもじしている。ふたりの間《あいだ》に沈黙《ちんもく》が漂《ただよ》った。

何《なに》か言《い》わないと……。グルーは、心《こころ》とは裏腹《うらはら》なことを口《くち》にした。

「よかったな。頑張《がんば》れよ」

「ありがとう。あなたも頑張《がんば》ってね。あ、そうだ」

ルーシーはポケットから何《なに》かを取《と》りだし、グルーに渡《わた》した。

「これをあなたにあげる」

「これは……リップスティック光線銃《こうせんじゅう》じゃないか」

グルーは手《て》の中《なか》の口紅《くちべに》を見《み》た。初《はじ》めて会《あ》ったとき、グルーを気絶《きぜつ》させるためにルーシーが使《つか》った銃《じゅう》だ。ほんの数日前《すうじつまえ》のことなのに、遠《とお》い昔《むかし》のような気《き》がする。あのときはルーシーのことを、生意気《なまいき》で嫌《いや》な女《おんな》だと思《おも》ったものだったが……。

「そう、記念《きねん》に。初《はじ》めて会《あ》ったときの思《おも》い出《で》の品《しな》だから」

ルーシーが照《て》れくさそうに笑《わら》った。

グルーは手《て》の中《なか》の口紅《くちべに》をぎゅっと握《にぎ》った。言《い》いたいことが山《やま》ほどある気《き》がするのに、言《こと》葉《ば》が出《で》てこない。

「ありがとう」

やっとの思《おも》いで、それだけ口《くち》にした。

「ワイルド捜査官《そうさかん》」

遠《とお》くからラムズボトムがルーシーを呼《よ》ぶ声《こえ》がする。

「きみを呼《よ》んでるみたいだ」

「ええ、そうね……行《い》かなくちゃ。じゃあ……さよなら」

ルーシーはグルーの目《め》を見《み》て告《つ》げると、足早《あしばや》に去《さ》っていった。そのうしろ姿《すがた》を、グルーはぼんやりと見《み》つめていた。なんだろう、この気持《きも》ちは？　体《からだ》じゅうから空気《くうき》が抜《ぬ》けてペシャンコになってしまった気《き》がする……。

グルーはがっくり肩《かた》を落《お》とし、とぼとぼと家《いえ》に向《む》かった。公園《こうえん》を通《とお》りかかったとき、またフリスビーが飛《と》んできた。グルーは片手《かたて》でそれをつかんで下水《げすい》に落《お》とした。ストリート・ミュージシャンの前《まえ》を通《とお》りかかると、楽器《がっき》を蹴飛《けと》ばした。

雨《あめ》が降《ふ》ってきた。グルーは家《いえ》の玄関前《げんかんまえ》の階段《かいだん》にぼんやり座《すわ》っていた。ドアがあいて、アグネスが傘《かさ》を持《も》って出《で》てきた。

「風邪《かぜ》ひいちゃうよ」

グルーが傘《かさ》を受《う》け取《と》ると、アグネスは彼《かれ》の横《よこ》に並《なら》んで腰《こし》をおろした。

「外《そと》で何《なに》してるの？」

グルーはしばらく考《かんが》えてから答《こた》えた。

「なあ、アグネスが前《まえ》に言《い》っただろ？　俺《おれ》がルーシーのこと好《す》きだって。俺《おれ》はちがうって言《い》ったけど、どうも……当《あ》たってたみたいだ」

ついにグルーはわかったのだ。今朝《けさ》はあんなに弾《はず》んでいた気持《きも》ちが、なぜ沈《しず》んでしまったのか。ルーシーだ。すべてはルーシーが原因《げんいん》だったのだ。

「ほんと？」

アグネスがぱっと顔《かお》を輝《かがや》かせた。ついにグルーに好《す》きな人《ひと》ができた。それもルーシーだなんて！　アグネスは大喜《おおよろこ》びだったが、なぜかグルーは沈《しず》んでいる。

「でも……ルーシーは遠《とお》くに行《い》っちまうんだ。だから二度《にど》と会《あ》えない」

アグネスはがっかりした。なんだ、ルーシーはいなくなっちゃうんだ。だからグルーは元気《げんき》がないのか……。

「あたしに何《なに》かできることある？」

「残念《ざんねん》ながら、ないな」

グルーはうつむいた。アグネスの気持《きも》ちは涙《なみだ》が出《で》るほどうれしかった。俺《おれ》って情《なさ》けないな。こんな子《こ》どもにまで心配《しんぱい》させちまうなんて。

「だったらグルーさんにできることはないの？」

グルーは、はっとして顔《かお》を上《あ》げた。そうだ、俺《おれ》はなんでこんなとこで、うじうじ考《かんが》えてるんだ？

17

グルーは自分《じぶん》のオフィスで、受話器《じゅわき》を手《て》にしていた。

「やあ、ルーシー？　俺《おれ》だよ、グルーだ。今《いま》まで俺《おれ》たち仕事上《しごとじょう》の付《つ》き合《あ》いしかしてこなかったけど、きみがオーストラリアに行《い》くと聞《き》いて……だから……その……よかったら……デートしてくれないか？」

「嫌《いや》よ」

答《こた》えたのは、赤《あか》い髪《かみ》のカツラをつけたミニオンのデイブだ。グルーはデイブ相手《あいて》に、ルーシーに電話《でんわ》をかける練習《れんしゅう》をしていたのだ。

「こんなこと時間《じかん》のムダだ」

グルーは受話器《じゅわき》を戻《もど》し、以前《いぜん》にルーシーからもらった連絡先《れんらくさき》をじっと見《み》つめた。そしてもう一度《いちど》電話《でんわ》に目《め》をやり、大《おお》きくため息《いき》をつき、気合《きあ》いを入《い》れた。

できる。俺《おれ》はできる。やってやる！

決意《けつい》がグルーの中《なか》でふつふつと強《つよ》まっていく。

よし！　受話器《じゅわき》に手《て》を伸《の》ばす。が、その手《て》が途中《とちゅう》で止《と》まってしまった。グルーはデスクにがんがん頭《あたま》を打《う》ちつけた。

あ〜、いったい何《なに》をやってるんだ、俺《おれ》は？

いざ電話《でんわ》をかけようと思《おも》うと、幼《おさな》い日《ひ》の苦《にが》い思《おも》い出《で》がぱっと蘇《よみがえ》ってきて、ついためらってしまう。もしルーシーからあのときみたいな仕打《しう》ちを受《う》けたら？　いや、ルーシーはそんな人《ひと》じゃない。でも……。

グルーにはしだいに黒《くろ》い電話《でんわ》が魔物《まもの》に思《おも》えてきた。こいつがあるから、迷《まよ》うんだ。こいつがなければ……。

「あぁぁぁムカつく〰〰〰」

ええい！　火炎放射器《かえんほうしゃき》をつかむと、グルーは電話《でんわ》に向《む》けて発射《はっしゃ》した。電話《でんわ》はたちまちオレンジ色《いろ》の炎《ほのお》に包《つつ》まれ、溶《と》けていった。

ざまあ見《み》ろ、これでもう電話《でんわ》をかけるかどうか迷《まよ》わなくてすむ！

……と、部屋《へや》の火災報知器《かさいほうちき》が鳴《な》り響《ひび》き、壁《かべ》とドアから消防士《しょうぼうし》とサイレンに扮《ふん》したミニオンが乱入《らんにゅう》。

「ピーリョー、ピーリョー」

消火活動《しょうかかつどう》……だけでなく、部屋《へや》を水浸《みずびた》しにしていった。

その頃《ころ》、誘拐《ゆうかい》されたミニオンたちはビーチでのんびり過《す》ごしていた。すっかりバカンス気分《きぶん》だ。浮《う》き輪《わ》に乗《の》ってぷかぷか海《うみ》に浮《う》かんでいたケビンが、バナナの皮《かわ》をむいて、パクッとひと口食《くちた》べた。監視《かんし》カメラで見《み》られているとも知《し》らずに。

とある研究室《けんきゅうしつ》のモニターに、ケビンの様子《ようす》が映《うつ》しだされる。じっとモニターを見《み》ていた白衣姿《はくいすがた》の男《おとこ》が、装置《そうち》のレバーをぐいっと引《ひ》いた。

うん？　ケビンの周囲《しゅうい》で突然《とつぜん》、水《みず》が渦《うず》を巻《ま》きだした。あっという間《ま》にケビンは渦《うず》に呑《の》まれ、海《うみ》の中《なか》に隠《かく》れていたチューブに吸《す》いこまれていった。ジグザグになったチューブのなかを落《お》ちていき……すとんと、赤《あか》い椅子《いす》の上《うえ》に落《お》ちた。

ケビンは何事《なにごと》もなかったかのように、手《て》に持《も》ったままのバナナをもぐもぐ食《た》べた。すると、

「ケビン」

名前《なまえ》を呼《よ》ばれ、はっとした。向《む》かい側《がわ》に同《おな》じように赤《あか》い椅子《いす》があり、メイドの格好《かっこう》をしたトムが座《すわ》っているではないか。トムも同《おな》じように、手《て》にバナナを持《も》っている。

「トム！」

二体《にたい》はにっこり笑《わら》いあい、大好物《だいこうぶつ》のバナナで乾杯《かんぱい》した。すると……。

トムの頭上《ずじょう》から機械《きかい》のアームが下《お》りてきた。アームの先《さき》には紫《むらさき》の液体《えきたい》の入《はい》った太《ふと》い注射《ちゅうしゃ》器《き》のような器具《きぐ》が取《と》りつけられている。

うん、なんだ？　トムはきょとんとした。と、器具《きぐ》の先《さき》の針《はり》がブスリ！　トムの頬《ほお》に刺《さ》さった。

と、腕《うで》が勝手《かって》に震《ふる》え出《だ》し、トムはあわてて腕《うで》を振《ふ》った。すると、見《み》る見《み》るうちに紫色《むらさきいろ》

に！

いや、腕《うで》だけではない。体全体《からだぜんたい》が紫色《むらさきいろ》に染《そ》まり、頭《あたま》からは紫《むらさき》のもじゃもじゃの毛《け》が生《は》え、口《くち》からは鋭《するど》い牙《きば》が突《つ》きでて……トムは紫色《むらさきいろ》の毛《け》むくじゃらのモンスター、イーブルミニオンに変身《へんしん》してしまったのだ。

それを見《み》てケビンがけらけら笑《わら》っていると、ブスッ！ ケビンの頬《ほお》にも針《はり》が突《つ》き刺《さ》さった。

グルーはルーシーのことを忘《わす》れようと、娘《むすめ》たちを連《つ》れてドライブに出《で》かけた。行《ゆ》く先《さき》はエドアルドの家《いえ》。メキシコの祝日《しゅくじつ》である『シンコ・デ・マヨ』のパーティーに招《まね》かれているのだ。

山《やま》の上《うえ》の一本道《いっぽんみち》を、巨大《きょだい》な戦闘機《せんとうき》のような形《かたち》をしたグルーの車《くるま》が大《おお》きな炎《ほのお》と黒《くろ》い煙《けむり》を噴《ふ》きだしながら進《すす》んでいく。

後部座席《こうぶざせき》では、マーゴ、イディス、アグネスがノリノリで、「シンコ・デ・マヨ！」と叫《さけ》んでいる。特《とく》にマーゴは、アントニオに会《あ》えると思《おも》うとうれしくてたまらない。

やがて山《やま》の頂上《ちょうじょう》に、こうこうと明《あ》かりの輝《かがや》く広大《こうだい》な屋敷《やしき》が見《み》えてきた。

あれがエドアルドの家《いえ》？　グルーは目《め》をみはった。ものすごい豪邸《ごうてい》だ。塔《とう》まである。駐車場《ちゅうしゃじょう》にはすでに何台《なんだい》も車《くるま》が駐《と》まっていた。グルーの車《くるま》はほかの車《くるま》をなぎ倒《たお》しながら、屋敷《やしき》の門《もん》の前《まえ》に止《と》まった。


会場《かいじょう》の中庭《なかにわ》に行《い》くと、すでにパーティーが始《はじ》まっていた。中庭《なかにわ》といってもものすごい広《ひろ》さで、中央《ちゅうおう》では噴水《ふんすい》から豪快《ごうかい》に水《みず》が噴《ふ》きだしている。イディスが目《め》を丸《まる》くする。

「わあ、すごい豪邸《ごうてい》！」

頭上《ずじょう》に張《は》りめぐらされたロープからは、色《いろ》とりどりの提灯《ちょうちん》やメキシコの国旗《こっき》がぶら下《さ》がっている。タイル貼《ば》りの中庭《なかにわ》を取《と》りかこむ通路《つうろ》には、そこかしこにテーブルが置《お》かれている。メキシコの陽気《ようき》な音楽《おんがく》が鳴《な》り響《ひび》くなか、たくさんの人《ひと》がグラスを手《て》にくつろいでいる。

娘《むすめ》たちがパーティーを楽《たの》しむ前《まえ》に、グルーは父親《ちちおや》として釘《くぎ》をさすことを忘《わす》れなかった。

「さあ、パーティーだ。でもその前《まえ》に、ルールのおさらいだ。なぜって、ルールがないと楽《たの》しくないからな」

その目的《もくてき》はもちろん娘《むすめ》……特《とく》にマーゴを守《まも》ることだったが……、

「アグネス！　チュロス取《と》りすぎだ。イディス！　人《ひと》を殺《ころ》しちゃダメ。……マーゴ！」

「やあ、いらっしゃい」

グルーの不安《ふあん》は的中《てきちゅう》。ごった返《がえ》す人《ひと》の中《なか》からアントニオが迎《むか》えに出《で》て、マーゴと手《て》を取《と》りあった。

「こら！」

グルーはさっそくアントニオを引《ひ》き離《はな》し、マーゴに言《い》い聞《き》かせた。

「男《おとこ》とは二《に》メートル以上離《いじょうはな》れていなくちゃいかん。特《とく》にあいつとは」

と言《い》って振《ふ》り返《かえ》ると、すでにアントニオはマーゴのもとに戻《もど》っていて、肩《かた》を抱《だ》いている。

グルーを見《み》て、アントニオが笑《わら》った。

「おじさん、面白《おもしろ》い人《ひと》だね。でも今日《きょう》はお祭《まつ》りなんだから、そんなルールはなし。さあ、行《い》こう。ダンスが始《はじ》まる！」

アントニオはマーゴの肩《かた》を抱《だ》いて連《つ》れていった。イディスとアグネスもぴょんぴょんあとをついていく。グルーは悔《くや》しくて、歯《は》ぎしりをした。

サボテンの陰《かげ》から監視《かんし》したり、他《ほか》の人《ひと》と踊《おど》っているフリをしながら、それとなく近《ちか》づいてマーゴとアントニオを邪魔《じゃま》しようとしたが、ふたりには全《まった》くきかず、グルーは諦《あきら》めるしかなかった。

パーティーは盛《も》りあがる一方《いっぽう》だが、グルーは会場《かいじょう》の片隅《かたすみ》でひとりぽつんと座《すわ》り、チップスでできた帽子《ぼうし》をかぶり、ときおり帽子《ぼうし》をちぎってはワカモレをつけて食《た》べていた。そうして手《て》の中《なか》のリップスティック光線銃《こうせんじゅう》を見《み》ていた。

ルーシーは今頃《いまごろ》もう、オーストラリアに行《い》ってしまっただろうか？　電話《でんわ》をかけられなかった自分《じぶん》が情《なさ》けなくてしかたない。あーあ、俺《おれ》ってつくづくダメな男《おとこ》だな。

しょんぼりしていると、エドアルドが陽気《ようき》な足取《あしど》りであらわれた。

「会《あ》えてうれしいぜ、アミーゴ！」

けれどグルーの沈《しず》んだ様子《ようす》に気《き》づいて、心配《しんぱい》そうに尋《たず》ねた。

「何《なに》かあったのかい？　大丈夫《だいじょうぶ》か？」

「大丈夫《だいじょうぶ》さ」

グルーは暗《くら》い声《こえ》で答《こた》え、リップスティック光線銃《こうせんじゅう》をすばやくしまった。そんなグルーの肩《かた》にエドアルドが手《て》を置《お》いて、わかっている、という顔《かお》でうなずいた。

「その沈《しず》んだ顔《かお》を見《み》れば、わかる。これまで何度《なんど》もそういった表情《ひょうじょう》を見《み》てきたからな。あんた失恋《しつれん》したんだろ？」

グルーは反論《はんろん》しようと口《くち》を開《ひら》きかけた。が、できなかった。

「どうしてわかった？」

「実《じつ》をいうと、私《わたし》もよくそうやって悲《かな》しみを紛《まぎ》らそうとしたもんだよ。失恋《しつれん》がどんなものかはわかってる」

エドアルドは椅子《いす》を引《ひ》っぱってきて、グルーの向《む》かい側《がわ》に座《すわ》った。

「だが、私《わたし》は立《た》ち直《なお》った。人《ひと》は思《おも》わぬ力《ちから》を秘《ひ》めているものだ」

そこでエドアルドは、グルーをじっと見《み》た。その目《め》が一瞬《いっしゅん》、ぎらついたように見《み》えた。が、エドアルドはすぐに元《もと》の表情《ひょうじょう》に戻《もど》り、

「じゃあ、パーティーを楽《たの》しんでくれ」

そう言《い》い残《のこ》し、席《せき》を立《た》って去《さ》っていった。グルーはそのうしろ姿《すがた》をじっと見《み》ていた。さ

つきの表情《ひょうじょう》が、どうも心《こころ》に引《ひ》っかかる。レストランの気《き》のいい主人《しゅじん》から瞬間的《しゅんかんてき》に人格《じんかく》が変《か》わったように見《み》えたのだ。

グルーが見《み》ていると、エドアルドは通路《つうろ》の途中《とちゅう》で立《た》ち止《ど》まった。左右《さゆう》をきょろきょろ見《み》ていたかと思《おも》うと、さっとドアの中《なか》に消《き》えた。

やっぱり怪《あや》しい。グルーは席《せき》を立《た》ち、あとを追《お》いかけた。

18

エドアルドはドアをあけて廊下《ろうか》を歩《ある》き、さらに奥《おく》のドアに向《む》かった。グルーもそのあとをこっそりつけていき、奥《おく》のドアをそっと開《ひら》いて隙間《すきま》から中《なか》をのぞいた。どうやらドアの向《む》こうは秘密《ひみつ》の部屋《へや》らしい。

エドアルドは赤《あか》い階段《かいだん》を上《のぼ》り、部屋《へや》の中央《ちゅうおう》に進《すす》んだ。両脇《りょうわき》には斧《おの》を持《も》った薄気味悪《うすきみわる》いト

ーテムポールがずらりと並《なら》んでいて、正面《しょうめん》の壁《かべ》には、大《おお》きな目《め》と歯《は》をむきだしたトーテムポールの顔《かお》が描《えが》かれている。

エドアルドが部屋《へや》の中央《ちゅうおう》で変《へん》てこなダンスを踊《おど》りだすと、床《ゆか》が光《ひか》り、メロディが聞《き》こえてきた。どうやら床《ゆか》のタイルが一枚《いちまい》ずつ音階《おんかい》になっているらしい。

やがてダンスが終《お》わると、奥《おく》の壁《かべ》が左右《さゆう》に開《ひら》き、またひとつトーテムポールの大《おお》きな顔《かお》があらわれた。口《くち》がぱかっと上下《じょうげ》に開《ひら》き、エドアルドはその中《なか》に入《はい》った。エレベーターらしい。エドアルドが中《なか》の壁《かべ》のスイッチを押《お》すと、エレベーターは下降《かこう》していった。

グルーは部屋《へや》の中央《ちゅうおう》に進《すす》むと、エドアルドのダンスを真似《まね》して床《ゆか》のタイルを踏《ふ》んだ。が、なかなかエドアルドと同《おな》じメロディにならない。まちがったタイルを踏《ふ》むたびに脇《わき》のトーテムポールからさっと斧《おの》が振《ふ》りおろされたり、炎《ほのお》で焼《や》かれそうになったり、矢《や》が飛《と》んできたり……命賭《いのちが》けだ。

何度《なんど》か失敗《しっぱい》した挙句《あげく》、ようやく正面《しょうめん》の扉《とびら》が開《ひら》き、エレベーターがあらわれた。やれやれ。グルーはほっとして、中《なか》に乗《の》りこんだ。

その頃《ころ》、ルーシーはオーストラリアに向《む》かう飛行機《ひこうき》の窓《まど》から、ぼんやり外《そと》を眺《なが》めていた。犯人《はんにん》が捕《つか》まってうれしいはずなのに、いっこうに心《こころ》が晴《は》れない。

あーあ、わたしったらどうしちゃったのかしら？

暇《ひま》つぶしに機内誌《きないし》を読《よ》むことにし、ページを開《ひら》いた。すると、コックピットでにっこり笑《わら》うグルーの写真《しゃしん》が目《め》に飛《と》びこんできた。

グ、グルー？

ルーシーは目《め》をごしごしこすり、もう一度《いちど》写真《しゃしん》を見《み》なおした。やっぱり錯覚《さっかく》だった。写《しゃ》真《しん》に写《うつ》っているのはパイロットだ。次《つぎ》のページを開《ひら》くと、今度《こんど》は滝《たき》に飛《と》びこむグルーの写《しゃ》真《しん》！　本《ほん》を閉《と》じ、もう一度《いちど》開《ひら》いてみた。今度《こんど》も錯覚《さっかく》だった。写真《しゃしん》の男《おとこ》はまったくの別人《べつじん》だ。

「ピーナッツかプレッツェルはいかがです？」

客室乗務員《きゃくしつじょうむいん》がカートを押《お》して声《こえ》をかけてきた。ルーシーは機内誌《きないし》から顔《かお》を上《あ》げ、ぎょっとした。なんとグルーが客室乗務員《きゃくしつじょうむいん》になっている？　さらに反対側《はんたいがわ》の座席《ざせき》に目《め》をやると、そこにグルーが座《すわ》っている！

ルーシーは席《せき》を立《た》ち、機内《きない》を見《み》わたした。あそこにも、ここにも！　目《め》に映《うつ》るものすべてがグルーに見《み》える。

客室乗務員《きゃくしつじょうむいん》がもう一度《いちど》声《こえ》をかけた。今度《こんど》はグルーでなく、ちゃんとした女性《じょせい》の顔《かお》に見《み》える。

「お客様《きゃくさま》、どちらになさいます？」

「グルーにするわ！」

自分《じぶん》でも知《し》らないうちに、ルーシーは答《こた》えていた。ああ、わたしはグルーが好《す》きだったんだ。こんなにも！　ルーシーは客室乗務員《きゃくしつじょうむいん》に飛《と》びついた。

「ありがとう、気《き》づかせてくれて！」

こうなったら、一刻《いっこく》も早《はや》くグルーに会《あ》いたい！　会《あ》って気持《きも》ちを伝《つた》えたい！　ルーシーはドアに向《む》かって、一目散《いちもくさん》に通路《つうろ》を走《はし》った。頭《あたま》の中《なか》にはグルーのことしかなかった。飛行《ひこう》機《き》のドアをあけると、機内《きない》を振《ふ》り返《かえ》り、客室乗務員《きゃくしつじょうむいん》や乗客《じょうきゃく》に手《て》を振《ふ》った。みんながグルーに見《み》えたおかげで、自分《じぶん》の気持《きも》ちに気《き》づくことができたのだから。

「ありがとう！」

そう言《い》うなり、勢《いきお》いよくドアから空《そら》に向《む》かって飛《と》びおりた。持《も》っていたバッグのボタンを押《お》すと、バッグがたちまちグライダーに早変《はやが》わりし、ルーシーは風《かぜ》に乗《の》ってふわりと舞《ま》いおりていった。

待《ま》ってて、グルー！　あなたのもとに飛《と》んでいくから！

エドアルド邸《てい》の秘密《ひみつ》のエレベーターを降《お》りたグルーは、思《おも》わず息《いき》を呑《の》んだ。目《め》の前《まえ》に巨《きょ》大《だい》な赤《あか》いU《ユー》字形《じがた》磁石《じしゃく》が！　反悪党同盟《はんあくとうどうめい》のスクリーンで見《み》た、極秘研究所《ごくひけんきゅうじょ》を盗《ぬす》んだ磁石《じしゃく》ではないか。やはり黒幕《くろまく》はエドアルドだったのか！

ただならぬ気配《けはい》を察《さっ》して、グルーは振《ふ》り向《む》いた。レスラーのような赤《あか》いマスクにタイツ姿《すがた》のエドアルド、いや、かつての怪盗《かいとう》エル・マッチョがそこにいた。

「やっぱり！　エル・マッチョ！　俺《おれ》だけはお前《まえ》が生《い》きてるって信《しん》じてたよ！」

「もちろん、こうしてピンピンしてるさ」

エル・マッチョは得意《とくい》げに両手《りょうて》を広《ひろ》げた。

「ひと芝居《しばい》打《う》っただけさ。だが今《いま》こそ劇的《げきてき》な復活《ふっかつ》を遂《と》げるときだ。悪《あく》の世界《せかい》に！　博士《はかせ》、そろそろ我々《われわれ》の計画《けいかく》をグルーに教《おし》えてもいいんじゃないか？」

博士《はかせ》？　まさか？　グルーは目《め》をまるくした。目《め》の前《まえ》にあらわれた白衣姿《はくいすがた》の老人《ろうじん》、それは懐《なつ》かしきネファリオ博士《はかせ》ではないか！

「会《あ》えてうれしいよ、グルー」

博士《はかせ》がにんまりと笑《わら》った。グルーはあっけにとられて尋《たず》ねた。

「よそから引《ひ》きぬかれたって言《い》ってたのは、ここのことだったのか？」

「そういうことだ。君《きみ》もここが気《き》に入《い》るさ」

博士《はかせ》は部屋《へや》の中央《ちゅうおう》に置《お》かれた台《だい》まで歩《ある》くと、装置《そうち》のボタンを押《お》した。すると、台《だい》がぱっくり割《わ》れて、赤《あか》い椅子《いす》に座《すわ》った紫色《むらさきいろ》の怪物《かいぶつ》がせりあがってきた。エル・マッチョが自慢《じまん》げに言《い》う。

「すまんが、あんたのミニオンを借《か》りた。だが気高《けだか》い目標《もくひょう》のためだ」

ミニオンだって？　まさか？　グルーはまじまじと台《だい》の上《うえ》の怪物《かいぶつ》を見《み》た。全身《ぜんしん》を紫《むらさき》のもじゃもじゃの毛《け》で覆《おお》われ、口《くち》からは鋭《するど》い牙《きば》が飛《と》びだし、見《み》るからに凶悪《きょうあく》そうな面構《つらがま》えのこの得体《えたい》の知《し》れない生《い》き物《もの》が……ミニオン？

「もしかして……ケビンか？」

グルーはびっくりして、おずおずと台《だい》に近寄《ちかよ》った。あの可愛《かわい》らしいケビンが、こんなおぞましい怪物《かいぶつ》になってしまうとは！

「いや、もうケビンじゃない」

ち、ち、とエル・マッチョは指《ゆび》を振《ふ》った。

「こいつは誰《だれ》にも壊《こわ》すことのできない冷血《れいけつ》な殺人《さつじん》マシンになったんだ。まあ、見《み》ててくれ」

エル・マッチョが壁際《かべぎわ》の装置《そうち》に近《ちか》づき、ボタンを押《お》した。

天井《てんじょう》からマシンガンが下《お》りてきて、ケビンに銃弾《じゅうだん》を浴《あ》びせた。が、ケビンはびくともしない。それどころか、鉛《なまり》の銃弾《じゅうだん》をむしゃむしゃ食《た》べてしまうではないか！　さらに斧《おの》やパトカーも……頭上《ずじょう》から落《お》ちてくるものをつぎつぎに平《たい》らげていく。火炎放射器《かえんほうしゃき》で炎《ほのお》を噴《ふ》きつけられても、平然《へいぜん》としている。

『PX―41《ピーエックス》』のせいで、こうなってしまったのか？　なんて恐《おそ》ろしい……グルーは背筋《せすじ》が凍《こお》る思《おも》いだった。エル・マッチョが得意《とくい》げに胸《むね》を張《は》る。

「どうだ、すごいだろ？　ええ？　何《なに》よりもすばらしいのは、ミニオンの軍団《ぐんだん》がいることだ！」

ミニオンの軍団《ぐんだん》？　グルーがあっけにとられていると、ライトがぱっと瞬《またた》き、天井《てんじょう》から無数《むすう》に吊《つ》るされた金属《きんぞく》の檻《おり》を照《て》らした。檻《おり》の中《なか》にはケビンと同《おな》じ紫《むらさき》のイーブルミニオンがうじゃうじゃいて、牙《きば》をむきだし、ギャーギャーわめいている。

こ、これが、俺《おれ》のミニオンたち？　あのバナナが大好物《だいこうぶつ》で、ちょこまか動《うご》きまわっていたミニオン？　グルーは呆然《ぼうぜん》と天井《てんじょう》を見《み》あげていた。

「近《ちか》いうちにこの軍団《ぐんだん》を世界中《せかいじゅう》に放《はな》つ。こいつらを止《と》めようとするやつがいたら――街《まち》ごと食《く》い尽《つ》くされてしまうことになる」

エル・マッチョは手《て》を振《ふ》りながら力説《りきせつ》すると、グルーに向《む》きなおった。

「なあ、一緒《いっしょ》にやろう」

「一緒《いっしょ》に？」

「そうだ！」

エル・マッチョはグルーの肩《かた》を抱《だ》いて、親《した》しげに言《い》った。

「昔《むかし》から、あんたの仕事《しごと》ぶりにほれぼれしてたんだ、アミーゴ。月《つき》まで盗《ぬす》むとはな！　とんでもないやつだと思《おも》った。私《わたし》とあんたが組《く》めば、無敵《むてき》のチームになる！」冗談《じょうだん》じゃない！　俺《おれ》は悪《あく》の世界《せかい》からは足《あし》を洗《あら》ったんだ！　グルーはそう言《い》ってやりたかった。が、それをここで口《くち》にすることはできない。屋敷《やしき》には三姉妹《さんしまい》がいる。娘《むすめ》たちを無事《ぶじ》に家《いえ》に連《つ》れて帰《かえ》らなくては。

「あんたや私《わたし》のような男《おとこ》が、世界《せかい》の支配者《しはいしゃ》となるのがふさわしい！　やってくれるだろ？」

エル・マッチョがじっとグルーを見《み》つめる。

「ああ……まあ……たぶん」

「たぶんだと？」

エル・マッチョの目《め》がすっと細《ほそ》くなる。グルーはあわてて言《い》い訳《わけ》をした。

「いや、その、もちろんって意味《いみ》だ。俺《おれ》もやる気満々《きまんまん》だ。ただ世界《せかい》を支配《しはい》する前《まえ》に、片《かた》づけておきたい問題《もんだい》があって」

そう言《い》いながら、エレベーターに向《む》かって少《すこ》しずつあとずさっていく。ここは適当《てきとう》にごまかして逃《に》げるしかない。

「もちろん、百《ひゃく》パーセントやる気《き》だよ。おや、電話《でんわ》だ。アグネスが俺《おれ》を呼《よ》んでるみたいだ。

地上《ちじょう》から」

と言《い》いながら、さりげなくエレベーターのボタンを押《お》した。扉《とびら》があくとすばやく乗《の》りこみ、引《ひ》きつった笑《わら》いを浮《う》かべて叫《さけ》んだ。

「参加《さんか》するから！」

エル・マッチョは疑《うたが》わしげな目《め》で、扉《とびら》の閉《し》まったエレベーターをじっと見《み》た。

「やつが参加《さんか》するかどうか怪《あや》しいぞ」

ケビンに尾行《びこう》させよう。エル・マッチョはボタンを押《お》し、ケビンを台《だい》から放《はな》した。

19

こうしちゃいられない！　一刻《いっこく》も早《はや》く家《いえ》に帰《かえ》るとしよう。グルーはエレベーターを降《お》りると、三姉妹《さんしまい》を探《さが》した。

イディスとアグネスは、ピニャータ割《わ》りのコーナーにいた。ピニャータとは、おもちゃやお菓子《かし》を詰《つ》めた壺《つぼ》や人形《にんぎょう》のことで、メキシコではパーティーのときに目隠《めかく》しした子《こ》どもがそれを棒《ぼう》で割《わ》って楽《たの》しむ。

ちょうどイディスが目隠《めかく》しをして、宙《ちゅう》にぶら下《さ》がったピニャータをバットで豪快《ごうかい》に叩《たた》き割《わ》っているところだった。グルーはイディスに近《ちか》づいた。

「イディス、アグネス、帰《かえ》るぞ！」

ふたりを急《せ》き立《た》てた。マーゴはどこかと見《み》ると、隅《すみ》のテーブルにぽつんとひとりでいる。先《さき》ほどのグルーと同《おな》じようにチップスの帽子《ぼうし》をかぶり、つまらなそうな顔《かお》でそれをちぎって食《た》べている。

「マーゴ、帰《かえ》るぞ」

グルーはテーブルに近《ちか》づいて声《こえ》をかけた。が、マーゴの浮《う》かない表情《ひょうじょう》に気《き》づくと、体《からだ》をかがめて目《め》を見《み》た。

「どうしたんだ？」

マーゴはうつむいたまま、ダンスフロアを指《ゆび》さした。グルーがそちらに目《め》をやると、アントニオが別《べつ》の女《おんな》の子《こ》と仲良《なかよ》くダンスをしている。マーゴがぽつんとつぶやいた。

「男《おとこ》なんて大嫌《だいきら》い」

あの野郎《やろう》！　グルーの中《なか》で、ふつふつと怒《いか》りがわいてきた。すぐにでもアントニオをぶちのめしたいところだが、今《いま》はその時間《じかん》がない。

「こんなときになんだが、帰《かえ》らないと……」

グルーが優《やさ》しく言《い》うと、マーゴはうなずいて立《た》ちあがった。マーゴの手《て》を引《ひ》いて帰《かえ》り際《ぎわ》、グルーはアントニオに向《む》け、フリーズ銃《じゅう》を発射《はっしゃ》した。青白《あおじろ》い光《ひかり》が放《はな》たれ、アントニオはたちまち氷《こおり》に包《つつ》まれて固《かた》まってしまった。

ざまあみろ。マーゴを悲《かな》しませた罰《ばつ》だ。


巨大《きょだい》な戦闘機《せんとうき》のような形《かたち》をしたグルーの車《くるま》が勢《いきお》いよく出《で》ていくのと入《い》れ違《ちが》いに、ルーシーのグライダーがエドアルド邸《てい》の前《まえ》に着陸《ちゃくりく》した。

グルーはどこかしら？　ルーシーはパーティー会場《かいじょう》に入《はい》ると、グルーを探《さが》した。一刻《いっこく》も早《はや》く自分《じぶん》の気持《きも》ちをグルーに伝《つた》えたかった。

が、どこにも見当《みあ》たらない。人波《ひとなみ》をかきわけてきょろきょろしていると、ただならぬ視《し》線《せん》を感《かん》じた。一羽《いちわ》のニワトリが、床《ゆか》からルーシーをにらんでいる。

ルーシーはハッとして、思《おも》わず足《あし》を止《と》めた。エドアルドの店《みせ》にいたニワトリね。コケッコー！　けたたましく鳴《な》きながら、ニワトリがルーシーに突進《とっしん》する。

来《く》るなら来《き》なさい！　ルーシーは空手《からて》の構《かま》えをとった。そのとき、バッグが床《ゆか》に落《お》ちた。ニワトリはルーシーを襲《おそ》うかわりに、バッグをつついた。

「どうした、コッコちゃん？」

エドアルドがあらわれ、バッグをくわえたままのニワトリを抱《かか》えあげた。先《さき》ほどまでの猛々《たけだけ》しいエル・マッチョ姿《すがた》とは一転《いってん》、今《いま》では服装《ふくそう》も顔《かお》つきもいつもながらのエドアルドだ。

「まあ、エドアルド。こんばんは」

何《なに》も知《し》らないルーシーは、明《あか》るく挨拶《あいさつ》をした。

「ああルーシー。悪《わる》いね、いつもはこんな子《こ》じゃないんだが。そういえば、いつかもこんなことがあったな。グルーが来《き》たときに……」

コッコちゃんの口《くち》からバッグを取《と》りあげ、ルーシーに返《かえ》そうとして、エドアルドはハッとした。いつかコッコちゃんはグルーに襲《おそ》いかかろうとした。そして今度《こんど》はルーシーに……。何日《なんにち》か前《まえ》の夜《よる》、店《みせ》に忍《しの》びこんでコッコちゃんをひどい目《め》に遭《あ》わせたのは、もしやこのふたりでは？

そのとき、コッコちゃんが口《くち》にくわえているものが、エドアルドの目《め》に留《と》まった。疑惑《ぎわく》は確信《かくしん》に変《か》わった。くそっ、グルーのやつ！　どうりでさっき曖昧《あいまい》な態度《たいど》だったわけだ。

「そうだ、グルーと言《い》えば、彼《かれ》を見《み》なかった？　大事《だいじ》な話《はなし》があるんだけど」

ルーシーは、無邪気《むじゃき》に問《と》いかけた。

「さあ、どこかその辺《へん》にいるんじゃないかな？」

エドアルドはそしらぬ顔《かお》でルーシーの背中《せなか》に手《て》を当《あ》て、一緒《いっしょ》に歩《ある》きだした。

「グルーとは親《した》しいのかい？」

「いやだ、親《した》しいだなんて。なんで？　グルーが言《い》ったの？　わたしたちが親《した》しいって？」

「さあね、あいつは隠《かく》していることが多《おお》いからな。たとえば……あんたたちふたりが、反《はん》悪党同盟《あくとうどうめい》のスパイだったたってこととか！」

エドアルドはルーシーの顔《かお》の前《まえ》に、コッコちゃんを突《つ》きだした。ルーシーが息《いき》を呑《の》む。

反悪党同盟《はんあくとうどうめい》の身分証明書《みぶんしょうめいしょ》を、コッコちゃんがくわえていたのだ。

「さあ、こっちに来《き》てもらおうか！」

エドアルドは険《けわ》しい顔《かお》でルーシーの腕《うで》をぐいとつかんだ。

会場《かいじょう》でのんびり椅子《いす》に座《すわ》って飲《の》み物《もの》を味《あじ》わっていたネファリオ博士《はかせ》は、ルーシーが力《ちから》ずくで連《つ》れていかれるのを見《み》て、目《め》を丸《まる》くした。


静《しず》かな住宅街《じゅうたくがい》に派手《はで》な爆音《ばくおん》を響《ひび》かせ、グルーの車《くるま》が戻《もど》ってきた。

「じゃあ、エドアルドがエル・マッチョだったの？　イカす！」

家《いえ》に入《はい》ると、イディスがはしゃいだ。

「イカすものか！」

手荒《てあら》くカーテンを引《ひ》きながら、グルーはイディスに指《ゆび》を突《つ》きつけた。

「あいつの正体《しょうたい》なんか、最初《さいしょ》から見《み》ぬいてた。誉《ほ》めるなら俺《おれ》を誉《ほ》めろ！」

なんとかしてミニオンたちを取《と》りもどし、エル・マッチョの計画《けいかく》を阻止《そし》しなくては。これまでで最大《さいだい》のピンチだ。グルーにとっても、ミニオンたちにとっても。どうしたらいい？　グルーが頭《あたま》を抱《かか》えていると、ピーッと音《おと》がして巨大《きょだい》スクリーンが瞬《また》き、ネファリオ博士《はかせ》の映像《えいぞう》があらわれた。あたりを気《き》にしながら、博士《はかせ》は声《こえ》を潜《ひそ》めて話《はな》しかけた。

「グルー。エル・マッチョがお前《まえ》の正体《しょうたい》に気《き》づいた。反悪党同盟《はんあくとうどうめい》のスパイだってことがバレたんだ。やつはお前《まえ》の相棒《あいぼう》を捕《つか》まえた！」

「相棒《あいぼう》って、ルーシー？　そんなはずない。彼女《かのじょ》はオーストラリアに行《い》っちまったんだから」

そのとき「ネファリオ」と博士《はかせ》を呼《よ》ぶエル・マッチョの声《こえ》が、スクリーンから聞《き》こえてきた。

「すまん、行《い》かないと！」

と言《い》い、博士《はかせ》はあわててスイッチを切《き》った。

グルーは呆然《ぼうぜん》としてその場《ば》に突《つ》っ立《た》っていた。ルーシーがエル・マッチョに捕《つか》まった？　どうして？　オーストラリアに行《い》かなかったのか？

「ルーシーが捕《つか》まっちゃったの？」

話《はなし》を聞《き》いていたアグネスが、心配《しんぱい》そうに尋《たず》ねた。

もし博士《はかせ》の言《い》うようにルーシーが捕《つか》まったのなら、助《たす》けに行《い》かなくては。大事《だいじ》な相棒《あいぼう》なのだから。単《たん》なる仕事上《しごとじょう》の相棒《あいぼう》ではない。今《いま》や彼女《かのじょ》はグルーにとってなくてはならない、人生《じんせい》の相棒《あいぼう》となりつつあるのだから。

「すぐに取《と》りもどす！」

グルーは決意《けつい》を秘《ひ》めた顔《かお》で、きっぱりと告《つ》げた。ミニオンたちとともになんとしてもルーシーを救《すく》い、今度《こんど》こそはっきり気持《きも》ちを伝《つた》えよう。

スクリーンの前《まえ》でテレビ・ゲームをしているミニオンのデイブとスチュアートに、グルーは声《こえ》をかけた。

「行《い》くぞ！」

20

グルーはヘルメットをかぶると、うしろにデイブとスチュアートを乗《の》せてバイクにまたがり、エンジンを吹《ふ》かした。黒《くろ》い煙《けむり》を噴《ふ》きだしながら地下室《ちかしつ》から飛《と》びだし、バイクはエドアルド邸《てい》目指《めざ》して猛《もう》スピードで街《まち》を突《つ》っ切《き》っていった。

山《やま》の頂上《ちょうじょう》に建《た》つエドアルド邸《てい》では、タイツにマント、マスク姿《すがた》のエル・マッチョがバルコニーから中庭《なかにわ》を見《み》おろしていた。紫《むらさき》の毛《け》むくじゃらのイーブルミニオンたちの軍団《ぐんだん》が、噴水《ふんすい》を取《と》りかこむように隊列《たいれつ》を組《く》んでいる。

「ハッ、ハッ、ハッ、ハッ！」

エル・マッチョは両手《りょうて》を広《ひろ》げて高《たか》らかに笑《わら》った。準備《じゅんび》は整《ととの》った。いよいよ世界《せかい》の王者《おうじゃ》になる日《ひ》がきたのだ！

火山《かざん》に飛《と》びこんで死《し》んだふりをしたのも、いずれ世界《せかい》を征服《せいふく》する日《ひ》のために身《み》を隠《かく》そうと決《き》めたからだ。そしてレストランをやりながら機会《きかい》をうかがっているうちに、『PX《ピーエックス》—41』を手《て》に入《い》れることができた。ミニオンを誘拐《ゆうかい》して、軍団《ぐんだん》も整《ととの》った。

さあ、華麗《かれい》なる復活劇《ふっかつげき》の始《はじ》まりだ！


ケビンはグルーを尾行《びこう》して、グルーの家《いえ》の近《ちか》くまで来《き》ていた。家《いえ》の前庭《まえにわ》にある三輪車《さんりんしゃ》を見《み》つけると、さっそく飛《と》びついてむしゃむしゃと食《た》べた。そこへ、グルーの愛犬《あいけん》カイルがあらわれた。日頃《ひごろ》は獰猛《どうもう》なカイルだが、三輪車《さんりんしゃ》を食《た》べるイーブルミニオンを見《み》てびっくりし、逃《に》げだした。ケビンはカイルを追《お》いかけた。


家《いえ》の中《なか》では、マーゴとアグネスがゲームをして遊《あそ》んでいた。庭《にわ》の物音《ものおと》に気《き》づいて、アグネスはハッとした。

「なんの音《おと》？」

脅《おび》えて、ユニコーンのぬいぐるみを抱《だ》きしめた。マーゴは庭《にわ》の様子《ようす》を見《み》るために窓《まど》に近《ちか》寄《よ》り、カーテンの隙間《すきま》から外《そと》を見《み》た。

「なんでもないみたい」

マーゴがそう言《い》った途端《とたん》、ゴーグルをかけたイーブルミニオンが窓《まど》に飛《と》びついた。マーゴは心臓《しんぞう》が止《と》まりそうになった。

「きゃあ！」

悲鳴《ひめい》をあげ、あわててカーテンを閉《し》めた。が、ガシャーン！　派手《はで》な音《おと》とともに、イーブルミニオンが窓《まど》を割《わ》って部屋《へや》に飛《と》びこんできた。逃《に》げなくっちゃ！　マーゴはアグネスの手《て》を引《ひ》いて、部屋《へや》から逃《に》げだそうとした。けれど――。

「あたしのユニコーン！」

アグネスがぬいぐるみを取《と》りに戻《もど》ろうとした。それを、マーゴが引《ひ》き止《と》める。

「アグネス、ダメよ！」

けれど姉《あね》の手《て》を振《ふ》り切《き》り、アグネスはユニコーンに駆《か》け寄《よ》った。もう少《すこ》しで手《て》が届《とど》きそう……と、イーブルミニオンがさっとぬいぐるみをひったくった。

あたしのユニコーンが食《た》べられちゃう！　アグネスが思《おも》い切《き》り悲鳴《ひめい》をあげた。

「きゃあああ！」

その悲鳴《ひめい》のすさまじいこと！　家全体《いえぜんたい》が揺《ゆ》れた。ビシッ、ビシッ！　陶器《とうき》の置物《おきもの》や写真《しゃしん》立《た》てのガラスにひびが入《はい》り、割《わ》れていく。イーブルミニオンのゴーグルにも、ひびが入《はい》った。イーブルミニオンがびっくりして口《くち》をあけた拍子《ひょうし》に、ぽろりとユニコーンが床《ゆか》に落《お》ちた。

今《いま》だ！　アグネスがさっとユニコーンを取《と》りもどした。その手《て》を引《ひ》っぱって、マーゴは部屋《へや》から逃《に》げだした。サイの形《かたち》をした椅子《いす》に駆《か》け寄《よ》ると、肘掛《ひじか》けの赤《あか》いボタンを、思《おも》い切《き》り叩《たた》く。地下《ちか》に向《む》かうエレベーターのボタンだ。

早《はや》く早《はや》く、きてちょうだい！　一秒《いちびょう》が数秒《すうびょう》にも思《おも》える。やっとエレベーターがきた。ふたりは急《いそ》いで中《なか》に乗《の》りこんだ。

ドアが閉《し》まるのを待《ま》っていると、イーブルミニオンがふらふらとやってきた。ゴーグルがひび割《わ》れているため、まっすぐ進《すす》めないでいる。イーブルミニオンが大《おお》きな口《くち》をあけ、エレベーターに突進《とっしん》してきた。

「きゃあ！」

が、間一髪《かんいっぱつ》のところでドアが閉《し》まり、エレベーターは下降《かこう》していった。

地下《ちか》の研究室《けんきゅうしつ》に行《い》くと、マーゴは重《おも》い鉄《てつ》のドアを急《いそ》いで閉《し》めた。ふう、一安心《ひとあんしん》。忍者《にんじゃ》の服《ふく》を着《き》てヌンチャクでミニオンたちとピンポンをしていたイディスは、姉《あね》と妹《いもうと》のあわてた様子《ようす》に目《め》を丸《まる》くした。

「どうしたの？」

と、そこへ、ドスン！　大《おお》きな音《おと》とともに、イーブルミニオンが落《お》ちてきた。天井《てんじょう》を食《く》い破《やぶ》ってきたのだ。いきなりあらわれたイーブルミニオンに、おてんば娘《むすめ》のイディスも、さすがに仰天《ぎょうてん》した。

「きゃあ！」

悲鳴《ひめい》をあげ、ドアの前《まえ》のマーゴとアグネスに駆《か》け寄《よ》った。それをイーブルミニオンが追《お》う。イディスは忍者《にんじゃ》のヌンチャクを振《ふ》りまわし、姉《あね》と妹《いもうと》の前《まえ》に立《た》ちはだかった。マーゴはアグネスをかばうように抱《だ》きしめた。

イーブルミニオンが三人《さんにん》に近《ちか》づく。凶暴《きょうぼう》な牙《きば》をむきだし、大《おお》きな口《くち》をあける。

「ガウー！」

食《た》べられちゃう！　マーゴたちは体《からだ》をすくめ、目《め》を閉《と》じた。と、その瞬間《しゅんかん》、ブスッ！

イーブルミニオンの体《からだ》に注射《ちゅうしゃ》の針《はり》が打《う》たれ、黄色《きいろ》い薬《くすり》が注入《ちゅうにゅう》された。

ぎゃあ！　イーブルミニオンは悲鳴《ひめい》をあげ、床《ゆか》に倒《たお》れた。マーゴたちはおそるおそる目《め》をあけた。イーブルミニオンが、床《ゆか》でのたうちまわっている。やがて、いつの間《ま》にか体《からだ》が黄色《きいろ》くなっていき……。

え？　三姉妹《さんしまい》の目《め》が丸《まる》くなる。イーブルミニオンってケビンだったの？

あれ？　ケビンはわけがわからず、きょとんとした顔《かお》であたりを見《み》まわす。

「ケビン！」

ひび割《わ》れたゴーグル越《ご》しに、アグネスが駆《か》け寄《よ》ってくるのが見《み》える。ほかのミニオンたちもつぎつぎにケビンに飛《と》びついた。お帰《かえ》り、ケビン！

「ネファリオ博士《はかせ》！」

博士《はかせ》が注射器《ちゅうしゃき》を手《て》に立《た》っているのに気《き》づいて、マーゴがびっくりして叫《さけ》んだ。いつの間《ま》に？

「ああ、戻《もど》ってきたんだ。解毒剤《げどくざい》を持《も》ってな」

博士《はかせ》はにやりと笑《わら》うと、左手《ひだりて》の注射器《ちゅうしゃき》と、右手《みぎて》に持《も》ったフラスコをみんなに見《み》せた。フラスコの中《なか》には黄色《きいろ》い液体《えきたい》が入《はい》っている。

悪事《あくじ》が懐《なつ》かしくて去《さ》っていった博士《はかせ》だが、自分《じぶん》が創《つく》ったミニオンたちが邪悪《じゃあく》な怪物《かいぶつ》として利用《りよう》されるのに我慢《がまん》できず、戻《もど》ってきたのだ。

博士《はかせ》は研究室《けんきゅうしつ》の奥《おく》に三姉妹《さんしまい》を案内《あんない》した。開発中《かいはつちゅう》だった赤《あか》いゼリーの入《はい》った巨大《きょだい》な容器《ようき》がたくさんある。博士《はかせ》はその中《なか》のひとつに近《ちか》づくと、ゼリーの容器《ようき》に黄色《きいろ》い解毒剤《げどくざい》をそそいだ。

「まずいゼリーが役《やく》に立《た》つときが、いよいよきたんだ！」

21

その頃《ころ》グルーは、エドアルド邸《てい》の門《もん》に向《む》かって歩《ある》いていた。グルーの手《て》には手錠《てじょう》がかかっている。そのうしろを体《からだ》を紫色《むらさきいろ》に塗《ぬ》ったデイブとスチュアートが歩《ある》き、柄《え》の長《なが》い斧《おの》でグルーの背中《せなか》をつっつく。しかし、デイブとスチュアートにはどこか緊張感《きんちょうかん》がない。

「おい、お前《まえ》ら、もっと真剣《しんけん》にやれ」

グルーがイーブルミニオンに捕《つか》まったふりをして門《もん》の中《なか》に入《はい》る——そういう作戦《さくせん》だった。

門《もん》の前《まえ》まで行《い》くと、グルーにうながされてデイブがインターホンを押《お》した。

「マサラ、マサラ！」

グルーを捕《つか》まえたとミニオン語《ご》で話《はな》すと、門《もん》があいた。その向《む》こうには、イーブルミニオンが、武器《ぶき》を手《て》に勢《せい》ぞろいしている。

その迫力《はくりょく》に、思《おも》わずグルーは息《いき》を呑《の》んだ。このイーブルミニオンたちを、どうしたらもとの姿《すがた》に戻《もど》せるのだろう？　いや、その前《まえ》に、こいつらを突破《とっぱ》して、ルーシーを救《すく》いにいかなくてはいけないのか。呆然《ぼうぜん》としていると、

「オラ、オラ！」

スチュアートに斧《おの》でつつかれて、はっと我《われ》に返《かえ》った。わざとらしく大声《おおごえ》で嘆《なげ》いてみせた。

「くそっ！　またドジを踏《ふ》んだ。こいつらに捕《つか》まるとは！」

イーブルミニオンたちがいっせいに、勝利《しょうり》のおたけびを上《あ》げた。グルーはうなだれ、とぼとぼと門《もん》の中《なか》に入《はい》った。

中庭《なかにわ》を進《すす》んでいくうちに、一体《いったい》のイーブルミニオンがデイブに歯《は》をむいて「バアー！」と脅《おど》かした。デイブも負《ま》けずに大口《おおぐち》をあけ「バアー！」と舌《した》を出《だ》した。そんなことを繰《く》り返《かえ》していくうちに、イーブルミニオンの唾《つば》が顔《かお》にかかったので、デイブはそれをぬぐった。すると、紫《むらさき》に塗《ぬ》った部分《ぶぶん》がはげ……黄色《きいろ》の地肌《じはだ》が見《み》えてしまった！

イーブルミニオンたちは、仰天《ぎょうてん》した。広場《ひろば》が不気味《ぶきみ》な沈黙《ちんもく》に包《つつ》まれる。不穏《ふおん》な空気《くうき》を察《さっ》してグルーが振《ふ》り向《む》いた。げっ、まずい！　バレちまった。

「アアー！」

偽物《にせもの》だ！　一体《いったい》のイーブルミニオンが叫《さけ》んだ。グルー、スチュアート、デイブは急《いそ》いで駆《か》けだした。

「逃《に》げろー!!」

グルーは手錠《てじょう》をはずし、中庭《なかにわ》を囲《かこ》む通路《つうろ》を必死《ひっし》に走《はし》った。そのうしろをイーブルミニオンの集団《しゅうだん》が追《お》いかけていく。

行《ゆ》く手《て》にヤシの木《き》が見《み》えた。よし、あの木《き》に登《のぼ》って屋根《やね》に飛《と》び移《うつ》ろう。

「木《き》に登《のぼ》れ！」

グルーのあとに続《つづ》いて、スチュアートとデイブも短《みじか》い手足《てあし》をちょこまかと動《うご》かしてヤシの木《き》を登《のぼ》っていく。その木《き》の幹《みき》を、イーブルミニオンたちが鋭《するど》い牙《きば》で齧《かじ》りだした。たちまち木《き》が傾《かたむ》いた。

グルーたちが家《いえ》の屋根《やね》に飛《と》びうつった瞬間《しゅんかん》、ヤシの木《き》がどうっと音《おと》を立《た》てて倒《たお》れた。ふう、危《あぶ》ないところだった。グルーは額《ひたい》の汗《あせ》をぬぐった。

グルー、スチュアート、デイブは広大《こうだい》な屋敷《やしき》の屋根《やね》を逃《に》げまわったが、イーブルミニオンたちも負《ま》けずに着《つ》いてくる。やがて塔《とう》にさしかかった。グルーはスチュアートとデイブを両手《りょうて》に抱《かか》えて塔《とう》の屋根《やね》に続《つづ》く螺旋階段《らせんかいだん》を上《のぼ》った。

塔《とう》の屋根《やね》についた。もう逃《に》げ場《ば》はない。一体《いったい》がグルーの足《あし》に食《く》いつこうとした。グルーはそのイーブルミニオンを蹴飛《けと》ばし、さらに飛《と》びついてきた別《べつ》のイーブルミニオンを投《な》げ飛《と》ばした。スチュアートやデイブも懸命《けんめい》に戦《たたか》う。だが、いくら頑張《がんば》っても数《かず》ではとても敵《かな》わない。

グルーは、屋根《やね》の中央《ちゅうおう》に立《た》っている避雷針《ひらいしん》にスチュアートとデイブを逃《にが》した。周囲《しゅうい》からイーブルミニオンの軍団《ぐんだん》がわらわらと迫《せま》ってくる。絶体絶命《ぜったいぜつめい》か？　俺《おれ》はこいつらに食《く》われてしまうのか？　イーブルミニオンと化《か》したミニオンたちに？

と、そのときだった。ブオオ！　黒《くろ》い煙《けむり》を噴《ふ》きだし、グルーの背後《はいご》に銀色《ぎんいろ》の機体《きたい》があらわれた。グルーの戦闘機《せんとうき》だ。左右《さゆう》の翼《つばさ》の下《した》には赤《あか》いポッドがいくつも並《なら》んでいる。

バンバンバン！　ポッドから赤《あか》い液体《えきたい》がつぎつぎに発射《はっしゃ》された。グルーは目《め》をみはった。液体《えきたい》を浴《あ》びたイーブルミニオンたちが一体《いったい》また一体《いったい》と、ミニオンの姿《すがた》に戻《もど》っていくではないか！

ドアのない機体《きたい》からネファリオ博士《はかせ》が手《て》を振《ふ》った。

「ハロー、グルー！」

博士《はかせ》のおかげだったのか！　グルーは納得《なっとく》した。さすが、天才科学者《てんさいかがくしゃ》だ。塔《とう》の屋根《やね》から

グルーは機体《きたい》に飛《と》びうつった。

「やあ！　さすがだ。やってくれるじゃないか、ネファリオ博士《はかせ》！」

「解毒剤《げどくざい》をゼリーに混《ま》ぜ、発射《はっしゃ》したんだ」

博士《はかせ》がグルーに説明《せつめい》をした。

「悪《あく》の軍団《ぐんだん》をつくるのはいいが、私《わたし》の家族《かぞく》に手出《てだ》しはさせん！」

「ありがとう、博士《はかせ》」

グルーと博士《はかせ》は見《み》つめ合《あ》った。やはりふたりの絆《きずな》は固《かた》かったのだ。

「さあ、残《のこ》りのミニオンとルーシーを救《すく》いにいくぞ！」

拳《こぶし》を振《ふ》りあげたグルーは、機内《きない》を見回《みまわ》してぎょっとした。救出《きゅうしゅつ》にきたミニオンたちに混《ま》

じって、マーゴ、イディス、アグネスの三姉妹《さんしまい》が、銃《じゅう》を持《も》っている！

「娘《むすめ》たちを連《つ》れてきたのか？」

グルーが責《せ》めると、博士《はかせ》は首《くび》を傾《かし》げた。

「ああ。いかんかね？」

グルーは目《め》をぐるりと回《まわ》した。変人《へんじん》のネファリオ博士《はかせ》に何《なに》を言《い》ってもムダだとわかったからだ。

エドアルド邸《てい》の屋根《やね》の上《うえ》に巨大《きょだい》な檻《おり》がいくつもあり、その中《なか》にまだたくさんのイーブルミニオンがとらわれている。まずは彼《かれ》らをもとの姿《すがた》に戻《もど》さなくては！
機体《きたい》のポッドから、つぎつぎとゼリー弾《だん》が発射《はっしゃ》される。イディスもポッドのひとつから、大喜《おおよろこ》びでゼリー弾《だん》を撃《う》っている
「イエーイ！」
バルコニーからその様子《ようす》を見《み》ていたエル・マッチョは仰天《ぎょうてん》した。どういうことだ？　私《わたし》の悪《あく》の軍団《ぐんだん》に何《なに》が起《お》きた？　黒《くろ》い煙《けむり》を噴《ふ》きだしながら飛《と》んでいく機体《きたい》が、エル・マッチョ

の目《め》に映《うつ》った。

「くそっ、グルーか？」

グルーは二挺《にちょう》の銃《じゅう》を手《て》に、屋敷《やしき》を見《み》おろした。

「残《のこ》りのミニオンたちは、みんなにまかせた。俺《おれ》はルーシーを助《たす》けにいく！」

そう叫《さけ》ぶなり、建物《たてもの》の屋根《やね》に飛《と》びおりた。

機体《きたい》が中庭《なかにわ》に着地《ちゃくち》した。三姉妹《さんしまい》やミニオンたちは銃《じゅう》を手《て》に飛《と》びおり、ゼリー弾《だん》を撃《う》ちまくった。アグネスはイーブルミニオンが黄色《きいろ》のミニオンに戻《もど》っていくのが愉快《ゆかい》でたまらなかった。

一方《いっぽう》、屋根《やね》に降《お》りたったグルーは、アクション映画《えいが》さながらに華麗《かれい》に宙《ちゅう》を飛《と》びながら二《に》挺《ちょう》の銃《じゅう》を巧《たく》みに操《あやつ》り、左右《さゆう》から襲《おそ》ってくるイーブルミニオンにつぎつぎとゼリー弾《だん》を撃《う》っていった。最後《さいご》の一体《いったい》も、ついにもとのミニオンに戻《もど》った。

呆然《ぼうぜん》とそれを見《み》ていたエル・マッチョに、グルーは近《ちか》づいた。

「お前《まえ》の負《ま》けだ、エル・マッチョ。ルーシーはどこだ?」

エル・マッチョは不敵《ふてき》に笑《わら》い、背後《はいご》の制御盤《せいぎょばん》のボタンを押《お》した。

「フフ、見《み》せてやるぜ」

中庭《なかにわ》の中央《ちゅうおう》にある噴水《ふんすい》から出《で》ていた水《みず》がぴたりと止《と》まった。噴水《ふんすい》の周囲《しゅうい》の水面《すいめん》がさっと左右《さゆう》に割《わ》れ、真《ま》っ赤《か》なロケットがせりあがってきた。

グルーは目《め》を疑《うたが》った。

ロケットには、巨大《きょだい》なサメと何本《なんぼん》ものダイナマイトが、ロープでくりつけられている。そしてサメの背《せ》にロープでがんじがらめにされているのは……ルーシーではないか!

ルーシーは屋根《やね》にいるグルーに気《き》づくと、努《つと》めて明《あか》るい口調《くちょう》で言《い》った。

「あら、グルー! あなたの言《い》ったとおりだった。エドアルドがエル・マッチョだったのね!」

グルーは言葉《ことば》もなく、ルーシーを見《み》ていた。どうしたらいい? どうしたら彼女《かのじょ》を助《たす》けだせる?

そんなグルーをせせら笑《わら》うように、背後《はいご》からエル・マッチョが声《こえ》をかけた。手《て》にリモコンを持《も》っている。

「このボタンを押《お》せば、ロケットは火山《かざん》にまっしぐらだ。おれが自殺《じさつ》に見《み》せかけたあの火《か》山《ざん》にな。ただし今度《こんど》は偽装《ぎそう》じゃない」

エル・マッチョの指《ゆび》がボタンにかかる。

22

「よせ！」

グルーが悲痛《ひつう》な声《こえ》で叫《さけ》んだそのときだった。ロープにぶら下《さ》がったデイブが勢《いきお》いをつけて空中《くうちゅう》に飛《と》びだし、

「ハリホー！」

エル・マッチョの手《て》からリモコンをひったくったのだ。

でかしたぞ、デイブ！　グルーはデイブに駆《か》け寄《よ》ろうとした。が、デイブは勢《いきお》いあまって柱《はしら》にぶつかってしまった。その拍子《ひょうし》にリモコンが手《て》からすっ飛《と》び、はるか下《した》の地面《じめん》に落《お》ちていった。

エル・マッチョは気落《きお》ちした様子《ようす》で、肩《かた》から赤《あか》いマントを払《はら》い落《お》とした。

「ふたりで世界《せかい》を支配《しはい》することもできたのに、グルー。だがもう――お前《まえ》には死《し》んでもらう」

そう言《い》うなり、容器《ようき》に入《はい》った『PX―41《ピーエックス》』を一気《いっき》に飲《の》んだ。グルーは息《いき》を呑《の》んだ。こいつが怪物《かいぶつ》に変身《へんしん》したら、大変《たいへん》なことになっちまう！

薬《くすり》を飲《の》み干《ほ》すと、エル・マッチョは口《くち》をぬぐった。その口《くち》から牙《きば》が突《つ》きだし、体《からだ》がむくむくと大《おお》きくなっていき、紫《むらさき》の毛《け》に覆《おお》われ……ついに、世《よ》にも恐《おそ》ろしい巨大《きょだい》な怪物《かいぶつ》が誕生《たんじょう》した。

「ウォー！」

大《おお》きな声《こえ》で吠《ほ》えると、怪物《かいぶつ》と化《か》したエル・マッチョはのしのしとグルーに近《ちか》づく。

グルーはあわてて銃《じゅう》の引《ひ》き金《がね》を引《ひ》いた。が、銃《じゅう》は空砲《くうほう》だった。ゼリー弾《だん》が尽《つ》きてしまったのだ。まずい、このままだとやられちまう。グルーはフリーズ銃《じゅう》を取《と》りだし、光線《こうせん》を放《はな》った。

エル・マッチョの右手《みぎて》が、続《つづ》いて左手《ひだりて》が凍《こお》った。が、エル・マッチョは不敵《ふてき》に笑《わら》って両《りょう》手《て》を床《ゆか》に打《う》ちつけた。たちまち氷《こおり》が砕《くだ》け散《ち》る。

「ウォー！」

エル・マッチョは再《ふたた》び吠《ほ》え、グルーに襲《おそ》いかかった。すんでのところでグルーは体《からだ》を回《かい》転《てん》させて、攻撃《こうげき》をかわした。が、そのまま屋根《やね》から落《お》ちてしまった。あわてて建物《たてもの》のそばにあった鉄塔《てっとう》に飛《と》びついた。

ふう、やれやれ。と思《おも》ったのもつかの間《ま》、鉄塔《てっとう》が傾《かたむ》いた。鉄塔《てっとう》もろとも倒《たお》れこむと、グルーの体《からだ》は中庭《なかにわ》に転《ころ》がった。

エル・マッチョが高《たか》さをものともせず、屋根《やね》から飛《と》びおりた。ドスン！　ものすごい地《じ》響《ひび》きとともに中庭《なかにわ》に着地《ちゃくち》すると、エル・マッチョは鉄塔《てっとう》を軽々《かるがる》と持《も》ちあげ、グルーに向《む》かって振《ふ》りおろした。

グルーは中庭《なかにわ》を回転《かいてん》し、なんとか鉄塔《てっとう》をよけた。エル・マッチョがもう一度《いちど》鉄塔《てっとう》を振《ふ》りあげた。

そうだ！　グルーは胸《むね》ポケットから口紅《くちべに》を取《と》りだした。ルーシーにもらったリップスティック光線銃《こうせんじゅう》だ。よし！　エル・マッチョの顔《かお》に向《む》けて、銃《じゅう》を発射《はっしゃ》した。

ビビビッ！　エル・マッチョの体《からだ》を電流《でんりゅう》が貫《つらぬ》く。

「うわあ！」

中庭《なかにわ》にすさまじい悲鳴《ひめい》が響《ひび》きわたる。エル・マッチョは巨大《きょだい》な体《からだ》をジタバタさせながら身《み》もだえし、倒《たお》れた。

「リップスティック光線《こうせん》！」

グルーが勝《か》ち誇《ほこ》って声《こえ》を張《は》りあげた。

「わたしの真似《まね》ね」

ロケットにくくりつけられたまま、ルーシーがにっこり笑《わら》った。初《はじ》めて会《あ》った日《ひ》、その銃《じゅう》でグルーを感電《かんでん》させたときにルーシーが口《くち》にしたセリフだったからだ。

ミニオンたちが、おそるおそるエル・マッチョに近《ちか》づく。

「ゼリー銃《じゅう》なんて、こわくないぞ」

エル・マッチョは息《いき》も絶《た》え絶《だ》えにうめいた。みんなの先頭《せんとう》にいたネファリオ博士《はかせ》がオナラ砲《ほう》を掲《かか》げた。

「こいつはゼリー銃《じゅう》じゃないぜ、ボクちゃん」

博士《はかせ》はオナラ砲《ほう》を放《はな》った。ブオー！　オナラの音《おと》とともに茶色《ちゃいろ》い煙《けむり》が噴《ふ》きだした。エル・マッチョは目《め》を白黒《しろくろ》させ、今度《こんど》こそ本当《ほんとう》に気絶《きぜつ》してしまった。

「やったー！」

ミニオンたちは大喜《おおよろこ》びで、空《そら》に向《む》けてゼリー銃《じゅう》を撃《う》った。祝砲《しゅくほう》だ。もちろん記念撮影《きねんさつえい》も忘《わす》れなかった。

みんながはしゃいでいる一方《いっぽう》、グルーはロケットに駆《か》け寄《よ》り、よじのぼった。

「わたしのことなら心配《しんぱい》しないで、グルー」

ルーシーが声《こえ》をかけた。

「大丈夫《だいじょうぶ》。もっとひどい目《め》にもたくさんあったけど、こうして生《い》きのびてるし」

けれど登《のぼ》ってきたグルーと目《め》が合《あ》うと、声《こえ》を落《お》とした。

「ほんと言《い》うと、メチャクチャ怖《こわ》い。心臓《しんぞう》が口《くち》から飛《と》びだしそう」

「大丈夫《だいじょうぶ》だ」

グルーはルーシーの目《め》を見《み》て、安心《あんしん》させるように言《い》った。

「すぐ助《たす》けてやるから」

グルーがロープをほどきにかかると、ルーシーの息《いき》を呑《の》む音《おと》がした。グルーは振《ふ》り向《む》いた。ニワトリのコッコちゃんが、地面《じめん》に落《お》ちたリモコンに近《ちか》づいている！　くっそう、あの小憎《こにく》らしいニワトリめ！

止《と》める間《ま》もなく、コッコちゃんがくちばしでボタンをつついてしまった。

「どこまで嫌味《いやみ》なやつなんだ、あのニワトリは」

グルーはうめいた。が、もう手遅《ており》れだ。

ゴゴッと地面《じめん》が揺《ゆ》れ、黒《くろ》い煙《けむり》を噴《ふ》きだしながらロケットが発射《はっしゃ》してしまった。グルーは機体《きたい》にしがみついた。

あとに残《のこ》されたミニオン、三姉妹《さんしまい》、ネファリオ博士《はかせ》は呆然《ぼうぜん》と空《そら》を見《み》あげている。

ロケットが水平飛行《すいへいひこう》になると、グルーはナイフでロープを一本《いっぽん》ずつ切《き》っていった。最後《さいご》の一本《いっぽん》を切《き》った途端《とたん》、サメとダイナマイトがロケットから滑《すべ》りおちていった。グルーはあわてて、ルーシーに重《かさ》なるようにして機体《きたい》にしがみついた。

ダイナマイトがなくなったのはひと安心《あんしん》だが、ロケットの針路《しんろ》を変《か》えなくては。このままでは、火山《かざん》に突《つ》っこんでしまう。

グルーは機体《きたい》のパネルをこじあけた。ワイヤーが何本《なんぼん》もこんがらがっている。くそっ、どのワイヤーをはずしたら針路《しんろ》を変《か》えられる？

「赤《あか》いワイヤーがある？」

ルーシーが尋《たず》ねた。

「こういうときは、たいてい赤《あか》いワイヤーよ」

グルーは必死《ひっし》に赤《あか》いワイヤーを引《ひ》っぱりだした。が、ロケットはぐんぐん火山《かざん》に近《ちか》づいている。もはや針路《しんろ》を変《か》える手段《しゅだん》はなさそうだ。

グルーは覚悟《かくご》を決《き》めてルーシーの目《め》を見《み》た。

「ルーシー。俺《おれ》たち、生《い》きて戻《もど》れないかもしれない。だからひとつ訊《き》いておきたいことがある」

「手短《てみじ》かにお願《ねが》い」

ルーシーが切羽《せっぱ》つまった声《こえ》で言《い》う。

「もし俺《おれ》がデートに誘《さそ》ってたら、なんて答《こた》えてた？」

それを聞《き》いて、ルーシーは目《め》を丸《まる》くした。

「本気《ほんき》なの？　もちろんイエスよ！」

そう答《こた》えて、にっこり笑《わら》った。

ふたりは見《み》つめ合《あ》った。ついに気持《きも》ちが通《つう》じ合《あ》ったのだ。が、海《うみ》に浮《う》かぶ火山《かざん》は目《め》の前《まえ》だ。ええい、このまま死《し》んでたまるか！　グルーはルーシーの手《て》をつかんだ。

「飛《と》びおりるぞ！」

そう叫《さけ》び、ロケットから飛《と》びおりた。ふたりの体《からだ》が、海《うみ》に向《む》かって落《お》ちていく。

ロケットはそのまま、まっすぐ火山《かざん》の火口《かこう》に飛《と》びこんだ。地響《じひび》きとともに、火口《かこう》から真《ま》っ赤《か》な炎《ほのお》が上《あ》がった。

「うわあ！」

「きゃあ！」

海《うみ》に墜落《ついらく》する直前《ちょくぜん》、ふたりは爆風《ばくふう》に吹《ふ》きとばされ、離《はな》ればなれになってしまった。グルーは水《みず》をかきわけ、なんとか海面《かいめん》から顔《かお》を出《だ》した。

「ルーシー！　どこだ？」

必死《ひっし》に叫《さけ》んだ。祈《いの》るような思《おも》いだった。せっかくふたりが同《おな》じ思《おも》いでいることがわかったのだ。ルーシー、無事《ぶじ》でいてくれ。

火山灰《かざんばい》が降《ふ》りそそぐなか、グルーは立《た》ち泳《およ》ぎをしながら懸命《けんめい》にルーシーを探《さが》した。しばらくして、ようやくルーシーの顔《かお》が海面《かいめん》にあらわれた。

よかった、無事《ぶじ》だったんだな！　グルーは心《こころ》の底《そこ》からほっとした。ルーシーのもとに近《ちか》寄《よ》ろうとすると、それより早《はや》くルーシーがグルーに抱《だ》きついた。その勢《いきお》いで、ふたりは再《ふたた》び海《うみ》に沈《しず》んだ。

グルーとルーシーは手《て》を握《にぎ》り合《あ》ったまま浮《う》かびあがると、じっと見《み》つめ合《あ》った。互《たが》いの愛《あい》する人《ひと》を。言葉《ことば》はいらない。ふたりの目《め》が、すべてを物語《ものがた》っていた。

人生《じんせい》の相棒《あいぼう》に、ようやく巡《めぐ》りあえた。この人《ひと》に出会《であ》うために、これまでの人生《じんせい》があったのだ、と。

「ハイホー、ハイホー」

かけ声《ごえ》とともに、ミニオンたちの漕《こ》ぐボートが近《ちか》づいてきた。が、ボートはグルーたちに気《き》づかず、通《とお》りすぎてしまった。グルーは苦笑《くしょう》した。

「まあ、気長《きなが》に待《ま》つとするか」

そうしてふたりはまた、じっと見《み》つめ合《あ》った。

エピローグ

空《そら》は青《あお》く澄《す》み、陽射《ひざ》しがさんさんと降《ふ》りそそぐ。結婚式《けっこんしき》には打《う》ってつけの天気《てんき》だ。

そう、今日《きょう》はグルーとルーシーの結婚式《けっこんしき》。百四十七回《ひゃくよんじゅうななかい》デートを重《かさ》ねたあと、ついにこの日《ひ》を迎《むか》えたのだ。

花《はな》の咲《さ》き乱《みだ》れる野原《のはら》で、白《しろ》い服《ふく》を着《き》たミニオンたちが愛《あい》の歌《うた》を歌《うた》い踊《おど》りながらウェディングケーキを囲《かこ》んだ。何段《なんだん》もある豪華《ごうか》なケーキで、それぞれの段《だん》にはミニオンたち、てっぺんにはグルーとルーシーの人形《にんぎょう》が飾《かざ》られている。

ミニオンたちの歌《うた》に合《あ》わせて、グルーとルーシーはダンスをした。

いつもの黒《くろ》ずくめのスーツとちがい、今日《きょう》のグルーはタキシードと、いかにも新郎《しんろう》らしい格好《かっこう》だ。胸《むな》もとには、ルーシーの好《す》きな青《あお》い色《いろ》の蝶《ちょう》ネクタイをつけている。

真《ま》っ白《しろ》なウェディングドレスに身《み》を包《つつ》んだルーシーも、今日《きょう》ばかりはおしとやかに見《み》える。

ふたりは手《て》を取《と》り合《あ》い、互《たが》いの目《め》を見《み》つめながら踊《おど》った。歌《うた》がクライマックスにさしかかると、ふたりはキスをしようとした。が、グルーのとがった鼻《はな》が邪魔《じゃま》をする。たまりかねたルーシーはグルーの顔《かお》を引《ひ》きよせ、自分《じぶん》からキスをした。

参列客《さんれつきゃく》の間《あいだ》から歓声《かんせい》があがった。白《しろ》いドレス姿《すがた》のマーゴ、イディス、アグネスの三姉妹《さんしまい》。ネファリオ博士《はかせ》、ルーシーの上司《じょうし》のラムズボトム、そして近所《きんじょ》の人々《ひとびと》が今日《きょう》のよき日《ひ》のために集《あつ》まっている。コーラス隊《たい》以外《いがい》のミニオンは、いつものオーバーオール姿《すがた》に白《しろ》の蝶《ちょう》ネクタイをつけている。

歌《うた》が終《お》わると、みんなは白《しろ》いクロスのかかったテーブルについた。新郎新婦《しんろうしんぷ》や客《きゃく》たちがにこやかに笑《え》みを浮《う》かべているなか、アグネスだけは緊張《きんちょう》した顔《かお》でいる。乾杯《かんぱい》の音頭《おんど》を取《と》ることになっているからだ。

ふうー。アグネスは深呼吸《しんこきゅう》をした。

「よし」

意《い》を決《けっ》した顔《かお》で、テーブルの上《うえ》に立《た》ちあがった。

「みなさん、聞《き》いてください」

けれどみんなはおしゃべりに忙《いそが》しく、誰《だれ》も聞《き》いていない。マーゴが姉《あね》らしさを発揮《はっき》し、フォークでグラスを叩《たた》いて客《きゃく》たちの注意《ちゅうい》を惹《ひ》きつけた。

会話《かいわ》がぴたりとやみ、人々《ひとびと》の視線《しせん》がアグネスに集《あつ》まる。

アグネスはもじもじしながら、うつむいて切《き》りだした。

「ここで乾杯《かんぱい》をしたいと思《おも》います」

と言《い》い、ちらっとグルーを見《み》た。白《しろ》いテントの下《した》でルーシーと並《なら》んで立《た》っていたグルーは、アグネスにうなずき、微笑《ほほえ》みかけた。

「いいよ」

グルーの声《こえ》に励《はげ》まされ、アグネスは母《はは》の日《ひ》のお芝居《しばい》で演《えん》じたときのセリフを語《かた》りだした。

「怪我《けが》したとこにキスしてくれたり、髪《かみ》を編《あ》んでくれたり、子《こ》どもはみんなママが大好《だいす》き。愛《あい》してるわ、ママ。あたしのママのルーシーは、世界一《せかいいち》よ」

いつかグルーと練習《れんしゅう》したときの棒読《ぼうよ》みとはまったくちがう。人《ひと》の心《こころ》を打《う》つ名調子《めいちょうし》だ。客《きゃく》たちは感動《かんどう》して拍手《はくしゅ》をした。

ルーシーも感激《かんげき》して目《め》をうるませ、両手《りょうて》を広《ひろ》げた。アグネスが駆《か》け寄《よ》って飛《と》びつくと、ルーシーはぎゅっと抱《だ》きしめた。マーゴとイディスも、そしてミニオンたちも駆《か》けてきて、グルーとルーシーを取《と》りかこんだ。

「お嫁《よめ》さんと、グルーパパに」

アグネスの一言《ひとこと》を合図《あいず》に、にぎやかな音楽《おんがく》がかかり、みんながあちこちでステップを踏《ふ》みはじめた。ネファリオ博士《はかせ》も、グルーのママも踊《おど》っている。

「最高《さいこう》にハッピー！」

アグネスが叫《さけ》んだ。

やがて記念写真《きねんしゃしん》の撮影《さつえい》になった。グルーとルーシーと三姉妹《さんしまい》、次《つぎ》はグルーのママとネファリオ博士《はかせ》も加《くわ》えて。さらに次《つぎ》はミニオンたちも大集合《だいしゅうごう》して。楽《たの》しい思《おも》い出《で》がつぎつぎに写真《しゃしん》に残《のこ》されていく。

グルーはマーゴ、イディス、アグネスの三姉妹《さんしまい》と出会《であ》ったことで、誰《だれ》かを愛《いと》おしく思《おも》う気持《きも》ちを生《う》まれて初《はじ》めて知《し》ったのだ。

そして今度《こんど》は、ルーシーという新《あたら》しい家族《かぞく》がグルー一家《いっか》に加《くわ》わった。仕事《しごと》の相棒《あいぼう》として数々《かずかず》の冒険《ぼうけん》をともにするうちに、いつしかふたりの心《こころ》が結《むす》びつき、固《かた》い絆《きずな》となっていった。互《たが》いの人生《じんせい》に欠《か》かせない、大切《たいせつ》な相棒《あいぼう》となっていったのだ。

グルーの人生《じんせい》に欠《か》けていたピースが、これで全部収《ぜんぶおさ》まるべきところに収《おさ》まった。これから先《さき》、辛《つら》いことや苦《くる》しいことがあっても、自分《じぶん》を頼《たよ》りにする娘《むすめ》たちがいれば――そして横《よこ》を向《む》いたときに支《ささ》え合《あ》える相棒《あいぼう》がいれば――何《なに》も怖《おそ》れることはないだろう。人生《じんせい》をともに生《い》きる相棒《あいぼう》がいてくれたら。

Shogakukan Junior Bunko

★小学館ジュニア文庫★

怪盗グルーのミニオン危機一発

2018年 7 月 4 日　初版第 1 刷発行

著者／澁谷正子

発行人／立川義剛
編集人／吉田憲生
編集／油井 悠

発行所／株式会社　小学館
〒101-8001　東京都千代田区一ツ橋２－３－１
電話　編集　03-3230-5105
販売　03-5281-3555

印刷・製本／中央精版印刷株式会社

デザイン／水木麻子

Printed in Japan　ISBN 978-4-09-231237-1
http://minions.jp/

★「小学館ジュニア文庫」を読んでいるみなさんへ★

この本《ほん》の背《せ》にあるクローバーのマークに気《き》がつきましたか？

オレンジ、緑《みどり》、青《あお》、赤《あか》に彩《いろど》られた四《よ》つ葉《ば》のクローバー。これは、小学館《しょうがくかん》ジュニア文庫《ぶんこ》のマークです。そして、それぞれの葉《は》の色《いろ》には、私《わたし》たちがジュニア文庫《ぶんこ》を刊行《かんこう》していく上《うえ》で、みなさんに伝《つた》えていきたいこと、私《わたし》たちの大切《たいせつ》な思《おも》いがこめられています。

オレンジは愛《あい》。家族《かぞく》、友達《ともだち》、恋人《こいびと》。みなさんの大切《たいせつ》な人《ひと》たちを思《おも》う気持《きも》ち。まるでオレンジ色《いろ》の太陽《たいよう》の日差《ひざ》しのように心《こころ》を暖《あたた》かにする、人《ひと》を愛《あい》する気持《きも》ち。

緑《みどり》はやさしさ。困《こま》っている人《ひと》や立場《たちば》の弱《よわ》い人《ひと》、小《ちい》さな動物《どうぶつ》の命《いのち》に手《て》をさしのべるやさしさ。緑《みどり》の森《もり》は、多《おお》くの木々《きぎ》や花々《はなばな》、そこに生《い》きる動物《どうぶつ》をやさしく包《つつ》み込《こ》みます。

青《あお》は想像力《そうぞうりょく》。芸術《げいじゅつ》や新《あたら》しいものを生《う》み出《だ》していく力《ちから》。立場《たちば》や考《かんが》え方《かた》、国籍《こくせき》、自分《じぶん》とは違《ちが》う人《ひと》たちの気持《きも》ちを思《おも》い、協力《きょうりょく》しあうことも想像《そうぞう》の力《ちから》です。人間《にんげん》の想像力《そうぞうりょく》は無限《むげん》の広《ひろ》がりを持《も》っています。まるで、どこまでも続《つづ》く、澄《す》みきった青《あお》い空《そら》のようです。

赤《あか》は勇気《ゆうき》。強《つよ》いものに立《た》ち向《む》かい、間違《まちが》ったことをただす気持《きも》ち。くじけそうな自分《じぶん》の弱《よわ》い気持《きも》ちに立《た》ち向《む》かうことも大《おお》きな勇気《ゆうき》です。まさにそれは、赤《あか》い炎《ほのお》のように熱《あつ》く燃《も》え上《あ》がる心《こころ》。

四《よ》つ葉《ば》のクローバーは幸《しあわ》せの象徴《しょうちょう》です。愛《あい》、やさしさ、想像力《そうぞうりょく》、勇気《ゆうき》は、みなさんが未来《みらい》を切《き》りひらき、幸《しあわ》せで豊《ゆた》かな人生《じんせい》を送《おく》るためにすべて必要《ひつよう》なものです。

体《からだ》を成長《せいちょう》させていくために、栄養《えいよう》のある食《た》べ物《もの》が必要《ひつよう》なように、心《こころ》を育《そだ》てていくためには読書《どくしょ》がかかせません。みなさんの心《こころ》を豊《ゆた》かにしていく本《ほん》を一冊《さつ》でも多《おお》く出《だ》したい。それが私《わたし》たちジュニア文庫編集部《ぶんこへんしゅうぶ》の願《ねが》いです。

みなさんのこれからの人生《じんせい》には、困《こま》ったこと、悲《かな》しいこと、自分《じぶん》の思《おも》うようにいかないことも待《ま》ち受《う》けているかもしれません。どうか「本《ほん》」を大切《たいせつ》な友達《ともだち》にしてください。どんな時《とき》でも「本《ほん》」はあなたの味方《みかた》です。そして困難《こんなん》に打《う》ち勝《か》つヒントをたくさん与《あた》えてくれるでしょう。みなさんが「本《ほん》」を通《つう》じ素敵《すてき》な大人《おとな》になり、幸《しあわ》せで実《みの》り多《おお》い人生《じんせい》を歩《あゆ》むことを心《こころ》より願《ねが》っています。

小学館ジュニア文庫編集部